Janis Witowski und Doris Fischer

Schloss Bertholdsburg in Schleusingen

STIFTUNG
THÜRINGER SCHLÖSSER
UND GÄRTEN

Titelbild: Schleusingen, Schloss Bertholdsburg, Ansicht von Westen
Umschlagrückseite: Herkulessaal im Nordflügel, Herkules im Kampf
mit dem dreiköpfigen Riesen Geryon

Impressum

Redaktion Dr. Susanne Rott
Mitarbeit Bildredaktion Maria Porske
Lektorat Andrea Hahn
Satz und Bildbearbeitung Rüdiger Kern, Berlin
Druck und Bindung Grafisches Centrum Cuno, Calbe (Saale)

Bibliografische Information der Deutschen Nationalbibliothek
Die Deutsche Nationalbibliothek verzeichnet diese Publikation
in der Deutschen Nationalbibliografie; detaillierte bibliografische
Daten sind im Internet über http://dnb.dnb.de abrufbar.

Amtlicher Führer der Stiftung Thüringer Schlösser und Gärten
1. Auflage 2022

© 2022 Stiftung Thüringer Schlösser und Gärten, Rudolstadt,
und Deutscher Kunstverlag GmbH Berlin München,
Lützowstraße 33, 10785 Berlin

ISBN 978-3-422-98956-6
www.deutscherkunstverlag.de

Inhaltsverzeichnis

Einführung

Am südlichen Ausläufer des Thüringer Waldes, unweit der Grenze zu Franken, erhebt sich Schloss Bertholdsburg inmitten der thüringischen Kleinstadt Schleusingen. Auf einem Bergsporn gelegen ist die eindrucksvolle Renaissanceanlage von der Autobahn A 73 jedoch kaum auszumachen. Grund hierfür ist die erhöhte Lage der Fernstraße, die in einiger Entfernung zum Schloss östlich an Schleusingen vorbeiführt. Von dieser Perspektive aus ragt die Bertholdsburg kaum über die Dächer der neuzeitlichen Wohnhäuser der Schleusinger Oberstadt hinaus. Unauffällig scheint sie sich im Stadtensemble zu verstecken. Dieser Eindruck täuscht allerdings über die historische Struktur von Burg und Stadt hinweg.

Wer sich dem Ort von der entgegengesetzten Richtung, nämlich von Südwesten her, nähert, der kann noch jenen imposanten Eindruck erahnen, den das gräfliche Residenzschloss einst auf seine Besucher und Besucherinnen machte. Hoch aufragende Mauern und Türme lenken den Blick auf den einstigen Herrschaftsmittelpunkt der gefürsteten Grafen von Henneberg. Im Mittelalter gaben die Henneberger am Zusammenfluss von Nahe und Erle, unweit des Flusses Schleuse, den Bau einer befestigten Wehranlage in Auftrag, die wenige Jahrzehnte später zu ihrem Hauptsitz werden sollte. Parallel zur Entstehung der Adelsburg im beginnenden Spätmittelalter und deren Ausbau zu einem frühneuzeitlichen Residenzschloss entwickelte sich eine Siedlung, die später zur Residenzstadt Schleusingen aufstieg. Ob zuerst die Bertholdsburg oder die Stadt errichtet wurde, ist nicht bekannt. Allerdings sind Stadt- und Burggeschichte seit damals untrennbar miteinander verwoben.

Die Erbauer der Burg leben längst nicht mehr, ihr imposanter Adelssitz aber hat überdauert. Die Bertholdsburg ist sicher nicht die älteste Residenz Thüringens, aber – dank ihrer renaissancezeitlichen Prägung – eine der ursprünglichsten. Seit 1994 kümmert sich die Stiftung Thüringer Schlösser und Gärten um den Erhalt dieses Denkmals längst vergangener Jahrhunderte. Gleichzeitig obliegt es dem Naturhistorischen Museum, die Räumlichkeiten des Schlosses mit Leben und Inhalt zu füllen und so die Geschichte der Bertholdsburg und ihrer einstigen Bewohner wachzuhalten.

Die Grafen von Henneberg und ihr Territorium

In den historischen Quellen treten die Grafen von Henneberg als Eigentümer der Bertholdsburg deutlich in Erscheinung. Im letzten Viertel des 11. Jahrhunderts erstmals erwähnt, dehnten sie ihr Territorium aber nur allmählich in das Gebiet der unteren Schleuse aus. Ursprünglich stammten die Henneberger aus der Gegend um Fulda. Unter dem Salierkaiser Heinrich IV. (gest. 1106) erwarben sie Reichslehen im Thüringer Wald sowie die Burggrafschaft Würzburg, womit es zu einer Verlagerung ihres Betätigungsfelds von Hessen in die heutige Region Südthüringen-Franken kam. Seinen neuen Stammsitz errichtete das mittelalterliche Hochadelsgeschlecht auf Burg Henneberg bei Meiningen. Von hier aus griffen seine männlichen Familienmitglieder in die Rhön und bis vor die Tore Würzburgs aus. Burg Henneberg ist heute eine Ruine. Doch vermögen auch die verfallenen Überreste der Anlage noch einen lebhaften Eindruck von ihrer einstigen Pracht und der Bedeutung ihrer damaligen Herren zu vermitteln. Die weitere Besitzentwicklung sowie eine Teilung des Geschlechts 1274 führte dazu, dass die Stammburg an die Peripherie des hennebergischen Territoriums rückte. In drei Familienzweige aufgespalten, entschied sich schließlich die spätere Linie Henneberg-Schleusingen, ihren Herrschaftsmittelpunkt nach Schleusingen zu verlegen, wo ihr eine wehrhafte und repräsentative Burg zur Verfügung stand. Sowohl die verkehrstechnische Anbindung als auch die Nähe zu ihrem Hauskloster boten den Grafen südlich des Thüringer Waldes ideale Bedingungen. Das nur wenige Kilometer entfernte Prämonstratenserkloster Veßra diente den Hennebergern als Andachtsort, Grablege und gelegentlich auch als Geldinstitut.

Bereits im 12. Jahrhundert hatten die Grafen von Henneberg Zugang zu den vornehmsten Kreisen des römisch-deutschen Reiches. Mittels einer geschickten Reichs-, Heirats- und Erwerbspolitik, vor allem aber durch die gezielte Errichtung von Burgen an strategisch günstigen Positionen gelang es dem Grafengeschlecht, seinen zwischen Rhön, Thüringer Wald und Mainfranken erworbenen Besitz zu festigen. Trotz teilweise erbittert geführter Konkurrenzkämpfe, aus denen die Henneberger nicht immer als Sieger

Älteste bekannte Karte des Henneberger Landes mit Ausdehnung des gräflichen Territoriums, um 1567

hervorgingen, schufen sich die Grafen in der Stauferzeit (ca. 1137–1250) eine ansehnliche Landesherrschaft, die sie in den folgenden Jahrzehnten weiter auszubauen verstanden. Die Einverleibung diverser Kleinherrschaften sorgte für eine zusätzliche Verdichtung der hennebergischen Macht. Um 1250 geboten sie über ein Territorium, das im Norden von der Landgrafschaft Thüringen, im Westen von der Abtei Fulda, im Osten von der Grafschaft Schwarzburg und im Süden von den Bistümern Bamberg und Würzburg begrenzt wurde. Inmitten dieses geopolitischen Spannungsfelds, in dem sich insbesondere die Würzburger Bischöfe zu hartnäckigen Gegnern entwickelten, wussten sich die Henneberger erfolgreich zu behaupten. Ihr Erfolg beruhte auf vielen Faktoren. Eine besondere Rolle freilich kam den Burgen zu. Von diesen befestigten Stützpunkten aus ließ sich das Land beherrschen. Zugleich waren die Burgen wirtschaftliche, gesellschaftliche und (infra-)strukturelle Knotenpunkte. Nicht wenige von ihnen stiegen zu Verwaltungszentren auf. Auf den Burgen, Festungen und Schlössern in Coburg,

Kühndorf, (Unter-)Maßfeld, Römhild, Schweinfurt und Schleusingen saßen hennebergische Amtmänner, die im Namen ihrer gräflichen Herren Steuern eintrieben und Recht sprachen. Letztlich bereitete nicht die politische Lage, sondern der genealogische Zufall der Dynastie ein jähes Ende: Mit Georg Ernst von Henneberg-Schleusingen (1511–1583) starb der letzte männliche Vertreter der Grafenlinie.

Zuvor jedoch hatte das Geschlecht eine gewisse Blütezeit erlebt. Die Erbteilung von 1274 führte zu einer familiären Spaltung, in deren Zuge sich drei unabhängig voneinander agierende dynastische Linien herausbildeten: Henneberg-Schleusingen, Henneberg-Aschach/Römhild und Henneberg-Hartenberg. Mit Ausnahme der Hartenberger, die bereits 1378 ausstarben, gelang es den beiden anderen Häusern, sich und ihre verkleinerten Herrschaften zu konsolidieren. Die regierenden Grafen von Henneberg-Schleusingen und Henneberg-Römhild stiegen im ausgehenden Mittelalter sogar in den Kreis der Reichsfürsten auf, jener Adelselite also, die zusammen mit dem König die Herrschaft über das Heilige Römische Reich Deutscher Nation beanspruchte. Den Anfang machten die Schleusinger: Wegen seiner Verdienste für die Krone verlieh der König Graf Berthold VII. (1272–1340) 1310 besondere fürstliche Rechte. Diese Privilegierung nutzten Berthold und seine Nachfolger geschickt, um politischen und wirtschaftlichen Gewinn zu erzielen. Das gesteigerte Ansehen der gefürsteten Grafen von Henneberg-Schleusingen spiegelt sich in der Baugeschichte der Bertholdsburg wider. In mehreren Bauphasen wurde aus der einst trutzigen Burg eine repräsentative Schlossanlage mit prachtvollem Garten. Das heute zu besichtigende Schloss ist ein Sinnbild für die exklusiven Rangansprüche seiner früheren Herren.

Der Linie der Grafen von Henneberg-Aschach/Römhild gelang es erst 1474, rangmäßig zu ihren Schleusinger Vettern aufzuschließen. Auf der Grundlage einer Legende, in der deren Abkunft von einem antiken römischen Senatorengeschlecht behauptet wurde, ließen sich die Aschacher sowohl eine päpstliche als auch eine königliche Urkunde ausstellen, die ihnen das Tragen des Fürstentitels gestattete. In Konkurrenz zur Schleusinger Residenz gestalteten sie ihre beiden Wohnsitze in Aschach und Römhild gleichfalls im Stil der Renaissance um – die Pracht der Bertholdsburg erreichten die Aschach/Römhilder Domizile freilich nicht (mehr); die Herrschaft der

Linie Henneberg-Aschach/Römhild fand mit ihrem Aussterben 1549 ein frühzeitiges Ende. Damit blieb nur noch eine hennebergische Linie übrig. Diese erbte einen nicht unwesentlichen Teil des Besitzes ihrer Verwandten aus Aschach/Römhild.

Die Dynastie der Henneberger starb am 27. Dezember 1583 endgültig aus. Dem letzten Henneberger Grafen Georg Ernst von Henneberg-Schleusingen blieb der langersehnte Erbe versagt – der einzige Sohn des Grafen wurde nicht einmal ein Jahr alt. Die ledig gewordene Grafschaft gelangte per Erbvertrag an die Kurfürsten von Sachsen, wobei einige ihrer Gebiete im Laufe der Zeit an verschiedene wettinische Sekundogenituren weitergegeben wurden. Gleich zweimal wechselte die Bertholdsburg zwischen den sächsischen Kurfürsten und ihren albertinischen Verwandten, den Herzögen von Sachsen-Zeitz, hin und her.

Obwohl den gefürsteten Grafen von Henneberg im ausgehenden 16. Jahrhundert ein abruptes Ende beschieden war, blieb ihr klangvoller Name doch weiterhin präsent. Noch heute bezeichnet man den Landstrich zwischen dem südlichen Thüringer Wald und dem fränkischen Norden als »Henneberger Land«. Von der einst fränkischen Prägung zeugt auch der hennebergische Dialekt, der allerdings nur noch von einer kleinen Minderheit gesprochen wird.

Schloss Bertholdsburg, Luftaufnahme von Nordwesten mit Überresten des runden Pulverturms im Vordergrund (nächste Doppelseite)

Geschichte und Architektur
von Schloss Bertholdsburg

Errichtung im 13. Jahrhundert

Die Historie der Bertholdsburg beginnt im 13. Jahrhundert. Ältere Siedlungsspuren ließen sich bislang nicht entdecken. Eine anderslautende Behauptung des Altertumsforschers Georg Karl Wilhelm Müller von Raueneck (1792–1868) entbehrt jeglicher Grundlage. Der selbsternannte Stadtchronist, der sich ein Fantasieschloss auf der Stadtmauer hatte errichten lassen, nahm im Schleusinger Stadtbuch einen Eintrag vor, wonach im 10. Jahrhundert an der Stelle der Bertholdsburg eine auf germanische Ursprünge zurückgehende »Kattenburg« gestanden habe, die im Besitz der Familie von Brunnstedt gewesen sei. Erst später hätten die Grafen von Henneberg die Burg übernommen und ihr den Namen „Bertholdsburg" gegeben. Es ist bezeichnend, dass die von Müller von Raueneck angesprochene Adelsfamilie von Brunnstedt allein in der sogenannten Slusia-Sage von der Gründung Schleusingens, nicht aber in der historischen Überlieferung genannt wird. Belege für eine solche Entstehungsgeschichte gibt es nicht.

Vieles spricht für eine Grundsteinlegung der Bertholdsburg durch die Grafen von Henneberg. Um ihren Einfluss im Schleusegebiet zu festigen, gaben sie am Zusammenfluss von Erle, Nahe und Schleuse die Errichtung einer befestigten Anlage in Auftrag. Ansichten, wonach Graf Poppo VII. von Henneberg (gest. 1245) der Initiator des Baus gewesen sei, beruhen vor allem auf Vermutungen. Dennoch hält sich hartnäckig die These, dass auf dem Bergplateau im Westen der heutigen Stadt zwischen den Jahren 1226 und 1232 eine steinerne Zwingburg erbaut worden sei. Diese Bauzeit lässt sich allerdings bislang nicht bestätigen. Das heute existierende Renaissanceschloss besitzt zwar noch Elemente, die stilistisch aus dem 13. Jahrhundert stammen könnten – darunter die Kellergewölbe des Ostflügels sowie Teile des einstigen Palas und einige Schlitzfenster. Genau lassen sich die Bauteile allerdings nicht datieren.

Neben einigen archäologischen Funden liefern Schriftquellen Indizien für die Existenz einer befestigten Anlage im Hochmittelalter. In einem am

19. Mai 1232 geschlossenen Vertrag zwischen Poppo VII. von Henneberg und dem Abt von Fulda wird erstmals eine möglicherweise stadtähnliche Siedlung in Schleusingen (»*villa Slusungen*«) erwähnt. Offenbar verfügte der Ort damals bereits über eine Pfarrkirche. Ebendort weilte der Graf im Jahr 1235 mit seiner Familie und zahlreichen hochrangigen Gästen. Um eine solch stattliche Gesellschaft zu beherbergen, muss es eine ausreichend große und einigermaßen repräsentative Hofanlage gegeben haben. Man darf also annehmen, dass die Henneberger schon zu dieser Zeit in Schleusingen einen befestigten Sitz, vermutlich sogar eine Burg, ihr Eigen nannten.

Sicherlich spricht die häufige Anwesenheit der hennebergischen Grafen in der zweiten Hälfte des 13. Jahrhunderts dafür, dass Schleusingen zu dieser Zeit sowohl über eine feste Burg als auch über ansässige Handwerker verfügte, die die Instandhaltung der Burganlage und die Versorgung gewährleisteten. Der Fund eines mittelalterlichen Grubenhauses in unmittelbarer Nähe zur Burg deutet dies zumindest an. Spätestens 1268 stand auf dem Schleusinger Bergplateau eine steinerne Höhenburg, denn in einer Urkunde aus diesem Jahr wird erstmals eine Burg (*castrum*) in Schleusingen genannt. Der mutmaßliche Gründer, Poppo VII. von Henneberg, war zu diesem Zeitpunkt längst gestorben, nicht aber sein Enkel Berthold V. (gest. 1284). Dieser überschrieb die Schleusinger Burg 1268 seiner Gemahlin Sophie von Schwarzburg als Leibgeding. Das bedeutete, dass die Gräfin auf der Burg bis zu ihrem Tod 1279 wohnen durfte und aus Schleusingen alles erhielt, was sie für ihren Lebensunterhalt benötigte.

Wie diese Burg aussah, darüber schweigen sich die Quellen aus. Vermutlich war aber auch die Schleusinger Burg in der für viele Bollwerke der Region typischen Machart gestaltet: Hinter einer hohen Ringmauer befanden sich Wirtschaftsgebäude, die wohl vor allem aus Fachwerkkonstruktionen bestanden. Vergleichsweise wenige Bauwerke dürften aus Stein gewesen sein. Hierzu gehörten vermutlich die Wehrmauer, der Bergfried sowie der Palas, in dem politische Zusammenkünfte, Gerichtssitzungen und Hoffeste stattfanden. Das Palasgebäude lag im Nordwesten der Anlage. Im Erdgeschoss des Nord- und Westflügels ist sein ursprünglicher Baukörper, einschließlich des Gewölbes, erhalten geblieben.

Seit dem 13. Jahrhundert hat sich das topografische Umfeld von Schloss Bertholdsburg stark gewandelt. Die scheinbare Verschmelzung der Burganlage mit der Schleusinger Ober- und Unterstadt, wie sie sich heute darstellt, war im Mittelalter in dieser Form längst noch nicht erreicht. Aus fortifikatorischen Gründen wurde ein ausreichend breites Areal um die Außenmauern der Burg herum von Bebauung und Bewuchs freigehalten. Auf diese Weise gewährleistete man, dass die Wachmannschaften freie Sicht auf heranrückende Feinde hatten. Diese Freifläche erstreckte sich wenigstens so weit, wie sich der heutige Schlossgarten nach Südwesten hin ausdehnt. Um die Verteidigungsfähigkeit der Burg zusätzlich zu steigern, ließen die Grafen von Henneberg um den Mauerring einen Halsgraben ziehen. Ein Rest dieses Grabens ist noch entlang des Ostflügels zwischen dem Schloss Bertholdsburg und der Stadtkirche St. Johannis zu erkennen. Passierbar war er über eine hölzerne Brücke, die im Bedarfsfall eingezogen werden konnte. Der Halsgraben verlief mutmaßlich um die gesamte Wehranlage herum.

Ein gemauerter Torbogen, der vor einiger Zeit bei Sanierungsarbeiten in der Nordmauer entdeckt wurde, ist offenbar erst in der Neuzeit angelegt worden. Er gewährte den Bewohnern der Unterstadt einen direkten Zugang zu Kirche, Schloss und Marktplatz.

Die Residenz der Linie Henneberg-Schleusingen

Mit der großen hennebergischen Erbteilung von 1274 gelangten Schleusingen und seine Wehranlage an die Nachkommen Bertholds V. Durch den ständigen Aufenthalt der Grafen in Schleusingen erlangte die Burg mehr und mehr den Status einer Residenz, eines festen Herrschaftssitzes. Im Verlauf des 14. und 15. Jahrhunderts entwickelte sich die Siedlung zu einer Stadt mit Markt, Stadtrecht und Stadtmauer. Genau genommen verfügte Schleusingen im Spätmittelalter noch über zwei Gemeinden, die erst später zusammenwuchsen: Auf dem Plateau östlich der Bertholdsburg lag die sogenannte Oberstadt. Ihre mittelalterliche Besiedlungsstruktur mit zentralem Markt, einer dichten Bebauung und asymmetrisch verlaufenden engen Gassen ist auch heute noch gut erkennbar. Unterhalb des Bergsporns entstanden ebenfalls Häuser. Die Bewohner dieser Unterstadt besorgten unter anderem die Produktion von Nahrungsmitteln für Burg und Oberstadt. Unmittelbar am Wasser gelegen, konnten hier Getreidemühlen betrieben werden. Die Schlossmühle und die Vincentmühle existieren noch heute.

Von herausragender Bedeutung für die Entwicklung eines ständigen Herrschaftssitzes war auch die Nähe zum Prämonstratenserkloster Veßra, welches 1131 von Graf Gotebold II. (gest. 1144) eingerichtet wurde und das dem Geschlecht seither als Ort des Familiengedenkens (Memoria) und der Totenfürsorge diente. Kloster Veßra war das geistliche, geistige und kulturelle Zentrum der Grafschaft Henneberg(-Schleusingen).

Die Burg unter Berthold VII. von Henneberg

Die Einrichtung eines »ständigen« Sitzes in Schleusingen ging mit einem erheblichen Bedeutungszuwachs des Ortes einher. Aus der Burg wurde ein Schloss, das die Rang- und Herrschaftsansprüche seiner Bewohner für Untertanen und Gäste aus Nah und Fern sichtbar machte. Ihren heutigen Namen „Bertholdsburg" trug die Anlage damals noch nicht. Erst viele Generationen später kam es zu dieser Bezeichnung, um den einstigen Burgherrn, Berthold VII. „den Weisen" von Henneberg, zu ehren.

Graf Berthold VII. darf als herausragende Größe in der Reichsgeschichte der ersten Hälfte des 14. Jahrhunderts gelten. Seinen guten Beziehungen zu den römisch-deutschen Königen verdankte er die Standeserhöhung von 1310. Als königlicher Berater hochgeschätzt, ernannte ihn Kaiser Ludwig der Bayer (gest. 1347) sogar zum Vormund seines ältesten Sohnes und designierten Thronfolgers. Das Prestige Bertholds VII. fand 1337 bei einem Fürstentag auf der Bertholdsburg beredten Ausdruck, denn zu diesem reiste sogar Kaiser Ludwig an, den der Graf von Henneberg für wenige Tage in seiner Schleusinger Residenz beherbergte. Graf Berthold ließ die Burg in den Jahren seiner Regierung (1284–1340) entscheidend ausbauen und erweitern.

Siegel des Grafen Berthold VII. von Henneberg-Schleusingen, 1315, Zeichnung

1317 wird erstmals eine Burgkapelle erwähnt. Deren Schutzpatron war offensichtlich der heilige Kilian, ein iro-schottischer Missionar, der im Frühmittelalter in Würzburg und Umgebung gewirkt hatte. Als Andachts- und Gebetsraum sowie als Ort des Gottesdienstes für die Familie des Burgherrn gehörte die Kapelle zu den unverzichtbaren Bauteilen einer mittelalterlichen Burg (bzw. eines Schlosses). Die Bestimmung ihrer Lage erweist sich im Falle Schleusingens allerdings als schwierig: Reste eines Altarsteins oder Malereien mit spezifisch religiösem Inhalt wie zum Beispiel Weihekreuze haben sich in der Bertholdsburg nicht erhalten.

Obwohl die Bertholdsburg stets repräsentativer Herrschaftssitz war, hatte sie bis ins 15. Jahrhundert vor allen Dingen eine militärische Schutzfunktion zu erfüllen. Der militärischen Bewährungsprobe musste sich die Burg Bertholds VII. im Jahr 1304 unterziehen. Eine Fehde zwischen dem Burgherrn und dem Adligen Walter X. von Barby (gest. um 1313) veranlasste Letzteren zu einem Kriegszug ins Henneberger Land, der in der Belagerung Schleusingens mündete. Dieser Angriffsversuch konnte erfolgreich abgewehrt werden. Gegen ein durch Blitzschlag verursachtes Feuer fünf Jahrzehnte später war die Burg jedoch machtlos. Die durch die Feuersbrunst entstandenen Schäden könnten Anlass zur Erweiterung des ursprünglichen Palas gegeben haben.

Die Burg wird zum Schloss

Das ausgehende Mittelalter bescherte Schleusingen umfangreiche bauliche Veränderungen. Die Siedlung um die Bertholdsburg herum war in beträchtlichem Maß gewachsen, so dass sie Anfang des 15. Jahrhunderts als Stadt (*civitas*) bezeichnet wurde. Diesen Status zementierten die Grafen von Henneberg, indem sie ihrem Residenzort 1412 das Stadtrecht zugestanden (Marktrecht erhielt die Stadt aber erst 1533). Mit der Stadtrechtsverleihung bekam die Schleusinger Bürgerschaft eine eigene Verwaltung und Rechtsprechung. Dessen sichtbarer Ausdruck war die Stadtmauer, die nicht nur Verteidigungszwecken diente, sondern auch einen geltenden Rechtsbezirk absteckte. In den steinernen Mauerring war die Bertholdsburg eingebunden, sie wurde somit ein fester Bestandteil der Stadtverteidigung.

Die rege Bautätigkeit des späten Mittelalters schloss auch die Burg mit ein. Der hohe Stand der Henneberger Dynastie sollte sich in der Pracht

Ansicht des Südflügels

ihrer Residenz ausdrücken. In der ersten Hälfte des 15. Jahrhunderts gingen die hennebergischen Baumeister daran, Verbindungen zwischen den bereits existierenden steinernen Wohnbauten zu schaffen und die bis dahin aus Einzelteilen bestehende Schlossanlage zu einem geschlossenen Komplex zu verschmelzen. Eine einschneidende Umbauphase am Scheitelpunkt zwischen Mittelalter und Früher Neuzeit ist am Baubefund deutlich abzulesen, wodurch der Forschung bis Ende der 1980er Jahre widersprochen werden kann, nach der die Bertholdsburg seit dem Spätmittelalter ihre Bedeutung eingebüßt habe (vgl. Patze, S. 384). Zumindest fand 1445 auf dem Schloss eine Fürstenversammlung statt. Die Bertholdsburg ist gerade im 15. und 16. Jahrhundert das Aushängeschild der fürstlichen Rangansprüche der (gräflichen) Linie Henneberg-Schleusingen. Die signifikante Umgestaltung trug diesem Bedürfnis Rechnung. Wie andernorts auch wandelte sich der Charakter der Schleusinger Residenz. Aus der Burg wurde ein Schloss, die fürstliche Repräsentation überwog deutlich die fortifikatorische Zweckmäßigkeit.

Jedoch blieb man stets bemüht, den Schutz der Anlage aufrechtzuerhalten. In die erste Hälfte des 16. Jahrhunderts fielen die Errichtung des Hauns- und des Hexenturms sowie vermutlich auch die Umgestaltung des mutmaßlichen früheren Bergfrieds zu einem Pulverturm. Diese Türme erhielten das Aussehen von Batterietürmen. Die Formen der Geschütznischen und Aussparungen für Prellhölzer zum Auflegen von Hakenbüchsen belegen die militärtechnische Funktion der Ecktürme. Zusätzlich zu den Türmen bestand schon 1457 ein Halsgraben, der nur über eine Brücke überquert werden konnte. Im Bereich des Südflügels sind außerdem die Überbleibsel eines Wehrganges zu erkennen.

Seit der Belagerung durch den Herrn von Barby zu Beginn des 14. Jahrhunderts sah sich Schleusingen allerdings keinem unmittelbaren Angriff mehr ausgesetzt. Von den zerstörerischen Begleiterscheinungen des Bauernkriegs 1525 sowie des Dreißigjährigen Kriegs blieben Schloss und Stadt weitgehend verschont.

Einzug der Renaissance

Die Errichtung des Ostflügels fällt vermutlich in die Zeit des Wechsels vom 15. zum 16. Jahrhundert. Ob der Totenturm, der sich an diesen Bauteil anschließt, zusammen mit diesem errichtet wurde oder bereits einige Jahrzehnte älter ist, lässt sich nicht genau sagen. Seine Fundamente konnten erst kürzlich archäologisch nachgewiesen werden. Kenntnis vom Totenturm besaß man bis dahin nur, weil verschiedene Schriftquellen seine Existenz erwähnten.

Graf Georg Ernst von Henneberg-Schleusingen, Porträt von unbekannt, Öl auf Holz, vermutlich 17./18. Jahrhundert

Zu Beginn des 16. Jahrhunderts setzte im Süden der Schlossanlage eine rege Bautätigkeit ein. Diese lässt sich besonders mit der Regierungszeit Graf Wilhelms VI. (1478–1559) in Verbindung bringen, der sich mit dem Südflügel einen neuen Wohnbereich schaffen ließ. Die Inschrift über dem Portal des Hauptturms mit der Jahreszahl 1538 weist unverkennbar auf den Einfluss des Grafen hin. Sein Sohn und Nachfolger, Georg Ernst, führte die Pläne des Vaters fort. Die Maßnahmen am Südflügel des Schlosses haben vermutlich Mitte des Jahrhunderts ihren Abschluss gefunden. Der bereits erwähnte Hauptturm, der als Verbindungsstück zwischen Ost- und Südflügel fungierte, wurde 1538 errichtet. Einige Jahre zuvor hatte man die Hoffassade des Ostflügels einschließlich eines Aufbaus aus Fachwerk fertiggestellt.

Die in der Literatur nicht selten geäußerte Ansicht, wonach Wilhelm VI. die Planung und Umsetzung des Südflügels beauftragt habe, da der Stammsitz der Henneberger während der Bauernaufstände 1525 zerstört worden sei, ist in diesem Zusammenhang nicht ganz überzeugend. Zwar ist es denkbar, dass die Schleifung der Burg Henneberg die Umbaupläne Graf Wilhelms zusätzlich beflügelt hatten, der bevorzugte Herrschaftssitz war Burg Henneberg indes längst nicht mehr. Der Fokus der Henneberg-Schleusinger Grafenlinie lag bereits seit geraumer Zeit auf der Bertholdsburg, sie war der Mittelpunkt des hennebergisch-schleusingischen Territoriums.

Die aufwendige Hofhaltung Wilhelms VI., der als Reichsfürst anerkannt bleiben wollte, scheint der Grund für die tiefgreifenden Baumaßnahmen auf Schloss Bertholdsburg gewesen zu sein. Mit dem repräsentativen Ausbau ihrer Residenz wuchs auch die Größe des Hofstaats. Hohe Ausgaben führten Anfang der 1550er Jahre zu einer Schuldenlast, die die Kurfürsten von Sachsen als Hauptgläubiger der Henneberger sich mit zusätzlichen Bestimmungen absichern ließen. Aus diesem Grund mussten sich Wilhelm VI. und sein Sohn Georg Ernst (1511–1583) 1554 im Vertrag von Kahla bereiterklären, im Falle ihres Aussterbens die Sachsen zu Erben ihrer Ländereien einzusetzen.

Trotz horrender Schulden baute Wilhelm munter weiter. In der zweiten Hälfte des Jahrhunderts wurde zwischen Nord- und Westflügel ein Treppenturm (sog. Gerichtsturm) eingefügt. Mit dem Ableben des letzten Grafen, Georg Ernst, fand auch die Phase der großen Um- und Erweiterungsbauten ein Ende. Da die Erben der Henneberger Dynastie keine Ambitionen hatten,

Wappen der Grafschaft
Henneberg-Schleusingen

in Schleusingen dauerhaft zu residieren oder Hof zu halten, ist der renaissancezeitliche Bauzustand der Schlossanlage im Wesentlichen bis auf den heutigen Tag erhalten geblieben.

Amtssitz unter den Wettinern

Gemäß des Kahlaer Vertrags übernahmen nach dem Tod Graf Georg Ernsts von Henneberg-Schleusingen 1583 die wettinischen Kurfürsten von Sachsen die Herrschaft in den Henneberger Landen. Stellten die neuen Besitzer Schleusingens den Mittelpunkt der gefürsteten Grafschaft anfangs noch unter gemeinsame Verwaltung, wurden Stadt und Schloss schon bald zuerst an die ernestinische und später an die albertinische Linie weitergereicht. Die zentrale Rolle als Residenzort büßte Schleusingen ein, die Kurfürsten machten es zu einem Amtssitz. In die Räumlichkeiten des Schlosses quartierte sich der sächsische Oberaufseher der Grafschaft Henneberg ein. 1597 ließ man die oberen Teile des Hauptturms abtragen und den Turm anschließend wieder aufmauern. Der Keller und das Erdgeschoss des Südflügels wurden neu eingewölbt.

Auf eine weitgehend öffentliche Nutzung des Nordflügels weist die prachtvolle Ausmalung des sogenannten Herkulessaals hin. Der im ersten Obergeschoss gelegene Raum erhielt seinen Namen aufgrund der um 1600 entstandenen Wandmalereien mit Darstellungen der Herkules-Taten.

Repräsentative Veränderungen im Schloss fanden ab dem 17. Jahrhundert nur mehr punktuell statt. Weil das Fachwerk des Westflügels baufällig geworden war, ersetzte man es 1617/18 durch einen steinernen Neubau. Lediglich die Kellerräume und die Gewölbe im Erdgeschoss blieben erhalten. Der neue Bauteil wurde nun auch endgültig bis an die innere Fassade des Nordflügels sowie an die dort befindlichen Gerichtsturm herangeführt.

Zum Jahr 1631 sind Instandsetzungsarbeiten für die Schlossbrücke vor dem Osttor belegt. Insgesamt dürfte die Schlossanlage in dieser Zeit aber in guter Verfassung gewesen sein. Immerhin beherbergte sie im Sommer 1624 die Kurfürsten von Mainz und Sachsen, die Herzöge von Bayern und Sachsen-Coburg sowie den kaiserlichen Heerführer Johann T'Serclaes Tilly (1559–1632), um über die Übertragung der Kurwürde an Maximilian von Bayern (1573–1651) zu verhandeln. Nur wenige Jahre später wurde das Schleusinger Schloss erneut Schauplatz europäischer Diplomatie: Im Herbst 1631 bezog der Schwedenkönig Gustav II. Adolf (1594–1632) auf der Bertholdsburg kurzzeitig Quartier. Hier empfing er einen Abgesandten des beim Kaiser in Ungnade gefallenen Feldherrn Albrecht von Wallenstein (1583–1634). Laut Zeitzeugenberichten ging es dabei um ein militärisches Bündnis gegen den Kaiser.

Obwohl das Henneberger Land von den Kampfhandlungen des Dreißigjährigen Krieges insgesamt arg in Mitleidenschaft gezogen wurde, blieb Schleusingen selbst von größeren Zerstörungen verschont. Die Nachkriegszeit brachte Schloss Bertholdsburg einen neuerlichen Herrscherwechsel. Im Anschluss an die Streitigkeiten über die Aufteilung des Henneberger Landes übernahm 1660 Herzog Moritz von Sachsen-Zeitz (1619–1681), der aus einer albertinischen Nebenlinie stammte, die Herrschaft über die Stadt und das Schloss. Um seinen Untertanen den Besitzerwechsel anzuzeigen, ließ der

Westflügel mit verbauten Fenstern. Nord- und Westflügel wuchsen erst mit der Zeit zusammen (nächste Doppelseite)

23

Schlosshof, Blick auf Ost- und Südflügel

neue Landesherr das barocke Altantor, das vermutlich schon seit Beginn der 1630er Jahre den stadtseitigen Zugang zum Schloss markierte, umwidmen. Ob das Bauwerk auf Moritz' Befehl hin mit drei Wappen versehen wurde oder ob diese bereits von seinen Vorgängern dort angebracht worden waren, lässt sich nicht mehr klären. Eine in Stein gehauene Datumsangabe zeigt das Jahr 1661. Sie verweist damit auf die erfolgte Erbhuldigung der hennebergischen Untertanen.

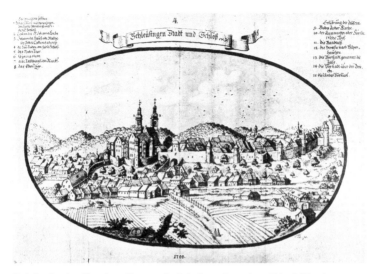

Christian Juncker, Ehre der gefürsteten Grafschaft von Henneberg, Bd. 1, Schleusingen 1703, fol. 62, Kupferstich mit Stadtansicht von Schleusingen, um 1700

Wie schon zuvor die Kurfürsten richteten auch die Herzöge ihre Regionalverwaltung in den Räumlichkeiten der Bertholdsburg ein. Aus dieser Zeit stammen vermutlich die Stuckdecken mit floraler Ornamentik, die noch heute im Erdgeschoss des westlichen Teils des Nordflügels zu sehen sind. Zusätzlich wurden kleinere Maßnahmen zum Bauerhalt vorgenommen. Für das Jahr 1672 vermelden schriftliche Quellen den Ausbau der Dachböden zum Zwecke der Getreidelagerung. Die Einrichtung von Kornböden spricht für eine zentrale Depotfunktion des Schlosses, in dem offensichtlich die vom Landesherrn verordneten Nahrungsabgaben eingelagert wurden. In Notzeiten konnten diese Vorräte an die Bevölkerung ausgegeben werden.

In den 1680er Jahren kam es im Bereich des Schlosses zu lokalen Bränden, deren Schäden umgehend beseitigt wurden. Das neue Jahrhundert wurde mit baulichen Veränderungen im ersten Obergeschoss des Nordflügels eingeleitet, es entstanden neue Räume. In diese Zeit fiel außerdem die Herstellung eines unmittelbaren Zugangs vom Nord- zum Westflügel. Auch die heute vor dem Südflügel befindliche Loggia mit Treppenhaus wurde vermutlich im beginnenden 18. Jahrhundert errichtet. 1722 ist zudem eine grundlegende Sanierung des »Fürstenbaus« (Südflügel) belegt, bei der ein älterer Turm, der sogenannte Kohlturm, samt einem Erker abgebrochen wurde.

Völlig überraschend starb Moritz Wilhelm (1664–1718) im Alter von 54 Jahren. Der albertinische Anteil des Henneberger Landes fiel damit wieder an Kursachsen zurück. Der Gemahlin des Herzogs, Maria Amalia (1670–1739), wurde allerdings gestattet, Schloss Bertholdsburg als ihren Witwensitz zu beziehen. Sie lebte dort bis zu ihrem Tod. Sicherlich sind Instandsetzungsarbeiten von 1722 mit dem Umzug der Herzogin nach Schleusingen in Verbindung zu bringen. Die dauerhafte Unterbringung der verwitweten Fürstin machte eine eilige Revision der bisherigen baulichen Versäumnisse nötig.

Schleusingen vom 19. Jahrhundert bis in die Gegenwart

An Kursachsen zurückgegeben, kam Schleusingen auf Beschluss des Wiener Kongresses 1815 an das Königreich Preußen. Der Verlust des Henneberger Landes war eine Strafe für das Bündnis der Sachsen mit Napoleon Bonaparte (1769–1821). Die preußischen Könige machten aus Schleusingen eine Kreisstadt (seit 1816), Schloss Bertholdsburg wurde zum Sitz des preußischen Landrats.

Die veränderten Machtverhältnisse hinterließen in ganz Schleusingen ihre baulichen Spuren: Durch die intensive Nutzung als preußischer Verwaltungssitz kam es auf Schloss Bertholdsburg zu umfangreichen Renovierungsarbeiten. Dabei sind unter anderem die früheren Dächer der Türme (Zwiebel- oder Welsche Hauben) durch Spitzdächer ersetzt worden. Zudem sah man sich gezwungen, eine nicht unerhebliche Anzahl von stark verwitterten Dachbalken im Südflügel zu erneuern. Bis 1844 sind in den preußischen Rechnungsbüchern regelmäßig finanzielle Ausgaben für Reparaturen am Schloss verzeichnet.

Mit der Niederlage Deutschlands im Ersten Weltkrieg, der Novemberrevolution und der erzwungenen Abdankung Kaiser Wilhelms II. (1859–1941) im November 1918 fand das Königreich Preußen, zu welchem Schleusingen etwas mehr als 100 Jahre gehört hatte, ein plötzliches Ende. Das einstige Königreich wurde in einen Freistaat transformiert und erhielt 1920 eine demokratische Verfassung. Schleusingen behielt den Status einer Kreisstadt, Schloss Bertholdsburg den Sitz der Kreisverwaltung. Letztere zog aber 1929 nach Suhl um. In den leerstehenden Räumen des Schlosses wurde ein geologisches Heimatmuseum eingerichtet. Diese bescheidene Schau markiert den Beginn der Bertholdsburger Museumsgeschichte, die 1984 in der Gründung des Naturhistorischen Museums mündete.

Unter den Nationalsozialisten wurde Schleusingen im Juli 1944 dem Gau Thüringen zugeteilt. Damit verlor die Stadt weitgehend ihre kommunale Selbstverwaltung und das Schloss die letzten Reste seiner öffentlichen Behörden.

Gedenkmedaille von 1815. Der preußische Adler nimmt die hennebergische Henne unter seine Fittiche

Im Sommer 1945 marschierten US-Streitkräfte in der südthüringischen Stadt ein, wo sie auf einige Gegenwehr stießen. Während der Kämpfe wurde die Westfassade der Bertholdsburg beschädigt, nachdem deutsche Truppen von dort aus das Feuer auf die Alliierten eröffnet hatten.

Mit der Übergabe Thüringens an die sowjetische Militärverwaltung am 1. Juli 1945 wurde Schleusingen Teil der Sowjetischen Besatzungszone und danach in der Deutschen Demokratischen Republik (DDR) des Bezirks Suhl. Die Kriegsschäden am Schleusinger Schloss wurden behoben, so dass in den 1950er Jahren ein Heimatmuseum, ein Kindergarten, eine Bücherei und andere Einrichtungen des öffentlichen Lebens in die leerstehenden Räumlichkeiten der Bertholdsburg einziehen konnten. Später wurden auch Mietwohnungen eingerichtet. 1954 erhielt der Rat der Stadt Schleusingen das Eigentum an der Schlossanlage. Die Stadtratssitzungen fanden von da an im ersten Obergeschoss des Südflügels statt. Seit den 1980er Jahren ordnete man immer wieder Instandsetzungs- und Rekonstruktionsarbeiten an der Vierflügelanlage an. Bei der Sanierung des Kapellenturms wurde 1989 ein eiserner Urkundenschrank aus dem 16. Jahrhundert gefunden, der bisher das einzige Stück aus dem ursprünglichen Schlossmobiliar darstellt. 1994 wurde die Schlossanlage in den Bestand der Stiftung Thüringer Schlösser und Gärten übergeben. Seither erfolgten umfangreiche Sanierungen.

Burggeschichte(n)

Die Sage der Slusia

Wie viele Burgen Deutschlands kann auch die Bertholdsburg in Schleusingen eine Gründungssage vorweisen. Sie beginnt mit einem Prinzen auf der Jagd, dem ein weißes Reh begegnet. Nach einem Tag erfolglosen Suchens schläft er erschöpft im Wald ein. Im Morgengrauen entdeckt er, dass er nahe einer Grotte, an der drei Quellen zusammenfließen, genächtigt hat. Aus dem kristallklaren Wasser blickt ihn eine Nixe an. Auf einer Halskette trägt sie die Buchstaben S.L.U.S. Sie erzählt dem Prinzen, wie ihre Tochter durch einen bösen Zauberer verwünscht und in ein weißes Reh verwandelt wurde. Der Prinz bietet seine Hilfe an und begleitet die Wassernixe zum Schloss, in dem der böse Zauberer lebt. Betört durch den Gesang der Wassernixe schläft der Zauberer ein, der Prinz tötet ihn durch das Aussprechen der Formel auf der Kette: »SLUS – Sie Liebe Und Siege!« Die erlöste Jungfrau wird seine Gattin, und oberhalb der Grotte entsteht eine Burg, der Legende zufolge die heutige Bertholdsburg.

Vater und Sohn im Burgverlies

In der Süd-Ost-Ecke der Bertholdsburg steht der Haunsturm. In seinem Keller ist noch heute ein Verlies zu sehen. An diesem unwirtlichen Ort sollen in einigen Metern Tiefe im Spätmittelalter ein Vater und sein Sohn auf zehn Jahre eingekerkert worden sein. Bei den Unglücklichen handelte es sich angeblich um die Edelmänner Reinhard und Philipp von Haune (oder Haun). Ihr Schicksal verlieh dem Haunsturm seinen Namen.

Tatsächlich verwüstete Anfang der 1440er Jahre der Raubritter Reinhard von Haune die Ländereien Graf Wilhelms III. von Henneberg. Dieser rüstete 1442 ein Heer aus, zog vor die Haunsburg und belagerte sie. Nach kurzem Kampf wurde die Burg zerstört, Reinhard von Haune und sein zehnjähriger Sohn Philipp wurden als Gefangene nach Schleusingen gebracht. Reinhard von Haune starb in Schleusingen. Philipp dagegen kam nach Ablauf der Haft frei. Er war mittlerweile 20 Jahre alt.

Dass die beiden über Jahre in dem dunklen Verließ des Rundturmes sitzen mussten, ist allerdings ins Reich der Legende zu verweisen. Eine offen-

Haunsturm, Turmverlies, in dem Reinhard von Haun und sein Sohn angeblich eingesperrt waren

sichtlich mit dem Neubau des vermeintlichen Gefängnisturms in Verbindung stehende Inschrift datiert auf 1537 – also lange, nachdem die Hauns in Schleusingen einsaßen. Es muss viel eher davon ausgegangen werden, dass die Kerkerhaft nur symbolisch oder nur für sehr kurze Zeit verhängt worden ist. Es war allgemein üblich, adlige Gefangene würdevoll in einem zwar bewachten, doch standesgemäß hergerichteten Bereich des Schlosses unterzubringen. Gäste des Haunsturms sind die Hauns nie gewesen.

Der König der Schweden zu Gast in Schleusingen

König Gustav II. Adolf von Schweden (1594–1632) gehört zu den bekanntesten Heerführern des Dreißigjährigen Krieges. Sein Kriegszug führte ihn im Herbst 1631 in das protestantische Schleusingen, wo er von den Bewohnern wohlwollend empfangen wurde. In den Fürstengemächern von Schloss Bertholdsburg bezog er sein Quartier. Während seines kurzen Aufenthalts traf er sich mit einem Abgesandten Albrechts von Wallenstein (1583–1634), dem einstigen General des Kaisers, der kurz zuvor seines Kommandos enthoben worden war. In dieser Situation schickte Wallenstein seinen Vertrauten Jaroslav Sesyma Raschin von Riesenburg zum schwedischen König nach Schleusingen. Jaroslav lotete die Chancen eines gemeinsamen Bündnisses aus. Eine Übereinkunft soll letztlich am Unwillen Gustav Adolfs gescheitert sein, Wallenstein den Oberbefehl über die Hälfte der schwedischen Truppen zu überlassen.

Von einem »Schleusinger Vertrag« zwischen Gustav Adolf und Wallenstein, dessen Existenz von Jaroslav Sesyma Raschin behauptet worden war, findet sich keine Spur. Doch hatten protestantische Fürsten immer wieder für ein Bündnis mit Wallenstein geworben.

Biene Maja in uralten Steinen

Mäuse, Spinnen und vielleicht noch Fledermäuse gehören zu den tierischen Bewohnern, die man auf einer mittelalterlichen Burg sehr wohl erwarten darf. Wie aber steht es mit Bienen?

Auf Schloss Bertholdsburg haben die Baumeister der Grafen von Henneberg überwiegend 250 Jahrmillionen alten Buntsandstein verarbeitet. An einer Stelle gibt es allerdings eine Gesteinsart, die sich vom übrigen Baumaterial unterscheidet: Am Eingangsportal des Jungfernturms, in der nordöstlichen Ecke des Schlosshofs bestehen die oberen Bereiche der äußeren Säulen aus Keupersandstein. Dieses beige-graue, etwas mürbe Gestein ist etwa 240 Millionen Jahre alt (Unterer Keuper) und wurde vermutlich aus dem nahegelegenen Bedheim bei Hildburghausen hierher transportiert. Die poröse Struktur des Steins macht ihn zu einer beliebten Wohnstätte der Gemeinen Seidenbiene (*Colletes daviesanus*), die in Deutschland und Europa weitverbreitet und ausnahmsweise einmal nicht gefährdet ist.

Einige der possierlichen Insekten haben sich auch auf Schloss Bertholdsburg niedergelassen. Im Keuper-Sandstein des Jungfernturms kann man deutlich die Nestgänge erkennen, die die Bienen in das Gestein gearbeitet haben. Bei näherer Betrachtung ist sogar die seidenweiße Auskleidung der Gänge, die den geflügelten Insekten ihren Namen gab, auszumachen. Es scheint, dass auch die Bienen die Schönheit des Schlosses zu schätzen wissen. Eine Gefahr für die Bausubstanz stellen sie bislang nicht dar, da sie auf der Bertholdsburg nur vereinzelt auftreten.

Geschichte des Schlossgartens

In der Frühen Neuzeit hat sich nicht allein das Aussehen des Schlossgebäudes gewandelt, auch der Schlossgarten im Westen machte eine markante Veränderung durch. Schloss, Garten und die mit ihm verbundenen Gebäude bildeten im 17. Jahrhundert ein barockes Architekturensemble. Der Straßenbau in den 1830er bis 1850er Jahren sorgte allerdings für eine Reduzierung des Gartengeländes auf nur mehr zwei Drittel seiner ursprünglichen Größe.

Der Schlossgarten entstand im ausgehenden Mittelalter auf einer größtenteils unbebauten Fläche, die als Zwinger der Burgverteidigung gedient hatte. Über die Gestaltung ist allerdings nichts Näheres bekannt. Von einer übermäßigen Bebauung in diesem Bereich ist nicht auszugehen, da die Fläche um die Burg zur besseren Sichtbarkeit feindlicher Angreifer freigehalten wurde. Ein 1993 gefundener Brennofen beweist aber, dass eine wirtschaftliche Nutzung der Freifläche möglich war, solange sie fortifikatorischen Zwecken nicht im Wege stand. Denkbar ist zudem, dass Bereiche des Geländes als Turnier- oder Übungsplatz genutzt wurden.

Von 1563 bis 1565 beauftragte Gräfin Elisabeth (gest. 1566) einen nicht näher bestimmbaren Johann Wilhelm mit der Anlage eines Gartens, der in den Quellen als »Neuer Garten« bezeichnet wurde. Vorbild mag der Schlossgarten des Herzogs von Braunschweig-Wolfenbüttel gewesen sein, dessen Tochter Elisabeth war. Vermutlich existierte bereits ein älterer Garten, wobei es sich um einen mittelalterlichen Wurzgarten innerhalb oder außerhalb der Burgmauern gehandelt haben könnte, der dazu diente, den Speiseplan der Burgherren mit Gemüse, Heil- und Gewürzkräutern zu bereichern. Das Aussehen des historischen Schlossgartens ist heute nur noch aus den archivalischen Quellen zu erschließen. Frühneuzeitliche Stiche, unter denen der um 1700 von dem Historiografen Christian Juncker (1668–1714) angefertigte der früheste ist, zeigen einen ummauerten Lustgarten mit Brunnenhaus, Reitanlage und einem großen Lusthaus.

Der Zugang zum Garten erfolgte über einen Durchgang im Westflügel, der 1617/18 geschaffen wurde. Das durch Mauern begrenzte und ausschließlich dem Adel vorbehaltene Areal beherbergte eine Vielzahl von Zierbeeten

Blick in den Schlossgarten

und geometrisch angelegten Wegen mit einem Lindenbaum im Zentrum. Zudem gab es ein Heckenlabyrinth. An der östlichen Gartenmauer befand sich ein barockes Lusthaus, das über einen überdachten Gang vom Schloss aus erreichbar war. Älteren Berichten zufolge wurde das hallenartige Gebäude für Tafel- und Tanzveranstaltungen genutzt. In unmittelbarer Nachbarschaft zum Lusthaus stand ein Gewächshaus, in dem Pflaumen und exotische Zitrusfrüchte gezüchtet wurden. Zusätzlich zum Schlossgarten existierte ein Nutzgarten zur Versorgung der herrschaftlichen Küche. Auch Schafe wurden hier gehalten.

Quer durch den repräsentativen Teil des Gartens führte ein rechteckig eingefasster Wassergraben, der mittels einer Brücke den Baum- und Grasgarten mit der Reitbahn verband. Dieser Graben ist 1951 verschwunden. Zwischen Reitbahn und Schloss lagen drei Terrassen, die Elisabeth von Henneberg mit Spalierobst bepflanzen ließ. Heute befinden sich hier Apfelbäume.

Durch den neuzeitlichen Straßenbau nicht nur massiv verkleinert, sondern auch seines exklusiven Charakters beraubt, verwandelte sich der Schlossgarten im Verlauf des 19. Jahrhunderts in eine städtische Erholungsfläche. Gebäude wie das Lusthaus wurden niedergelegt, Zierbeete und Spaliergehölze verschwanden ebenfalls. 2001/02 wurde der historische Charakter des Schlossgartens mit der Anlage der Terrassenstruktur an der Westseite des Schlosses und einer Grünfläche wiederhergestellt.

Schlosshof, Blick auf den Nordflügel mit Gerichtsturm (links) und Jungfernturm (rechts) (nächste Doppelseite)

Rundgang durch das Schloss und den Schlossgarten

Der Beginn des Schlossbezirks wird durch das vorgelagerte Altantor (Nr. 14) im Osten markiert. Dessen Bezeichnung geht auf die mit Balustraden gesäumte Galerie oberhalb des Portals zurück, die ehedem durch eine nicht mehr vorhandene Treppe begangen werden konnte. Das freistehende Tor mit manieristischen Elementen stammt aus dem 17. Jahrhundert. 1661 nutzte Herzog Moritz von Sachsen-Zeitz das Bauwerk, um seine Herrschaftsübernahme in Teilen der Grafschaft Henneberg sichtbar zu machen.

Altantor, vermutlich 1631

Schlossgarten, Brunnenhaus, 17. Jahrhundert

Über eine kleine Brücke, die wohl nach dem 15. Jahrhundert anstelle einer hölzernen Zugbrücke errichtet wurde, erreicht man den Schlosshof. Die Schlossbrücke führt über den Halsgraben, der in sächsischer Zeit bepflanzt war und von dem heute nur noch ein Teil sichtbar ist. Ausgrabungen haben ergeben, dass der Graben im Norden von einer steinernen Mauer durchzogen war, wobei man auch Spuren eines später zugesetzten Tores fand. Möglicherweise konnten über diesen Zugang die Bewohner der Unterstadt in die Oberstadt gelangen. Oberhalb des Grabens bestand lange ein hölzerner Gang als Verbindung für die Schlossherren zur Stadtkirche St. Johannis. Der Gang wurde 1824 abgebaut. Die Kirche St. Johannis besaß für die Henneberger seit 1566 eine besondere Bedeutung. Hierhin hatte Graf Georg Ernst die Familiengrablege verlegt, nachdem er die Gebeine seiner Vorfahren aus Kloster Veßra nach Schleusingen überführt hatte. Über die Tordurchfahrt im Osten der Bertholdsburg gelangt man in den Schlosshof mit seinen vier Gebäudeflügeln: Ost-, Nord-, West- und Südflügel. Vor dem Betreten des Innenhofs sollte man jedoch zunächst einen äußeren Rundgang um die Burg unternehmen.

Die meisten Besucher und Besucherinnen gelangen vom Schleusinger Markt über die Kirchstraße zur Bertholdsburg. Vor dem Altantor stehend blickt man auf die Ostfassade des Schlosses. Die Tordurchfahrt markiert den ursprünglichen Zugang zum Inneren des Schlosses. Ein bemerkenswertes Detail ist das Kielbogenfenster aus dem 15. Jahrhundert, das sich gut sichtbar neben dem Torbogen befindet.

Über die 1834 errichtete »Burgstraße« umrundet man den Südflügel. Die Burgstraße markiert wahrscheinlich den Verlauf des ehemaligen Wallgrabens. Die frühere Erschließung der Anlage erfolgte über einen schmalen Weg einige Meter entfernt. Dieser Zugangsweg heißt noch immer „Alter Burgweg". Laut Schleusinger Stadtbuch stand hier auch ein städtisches Torhaus, das 1824 mit sieben weiteren Häusern abbrannte. Der Südflügel ist der jüngste und repräsentativste Gebäudeteil der Bertholdsburg. Es handelt sich um einen rechteckigen Etagenbau mit vier angesetzten Türmen, dem Hauptturm, Kapellenturm, Hexenturm und Haunsturm, einem Altan an der Süd- und einem risalitartigen Anbau an der Ostfassade. An der westlichen Außenwand ist zwischen Kapellen- und Hexenturm noch eine Berme (ein Absatz zwischen Wall und Graben) vorhanden, die über eine Tür im Hexen-

turm begehbar ist. Seine heutige Form erhielt der Südflügel um 1500. Unge-
fähr zu dieser Zeit oder wenige Jahrzehnte später ließen die Grafen von Henneberg die beiden Ecktürme, Haunsturm und Hexenturm, errichten. Beide
waren durch eine Steinmauer und einen Wehrgang verbunden und dienten
der Verteidigung des Schlosses. Die Namensgebung des Hauns- und des
Hexenturms rührt von zwei historischen Ereignissen her: Der Haunsturm
(Nr. 3) verdankt seinen Namen prominenten Kerkerinsassen, die hier angeblich eingesperrt worden sein sollen: den Rittern von Haune. Eine schmale
Bodenluke, zugesetzte Mauernischen und ein in die Wand eingearbeiteter
Abort im Kellerbereich des Haunsturms ließen die Erzählung glaubwürdig
erscheinen. Eine Inschrift auf einem bodennahen Steinquader an der Innen-
wand des zirka fünf Meter tiefen Verlieses weckt allerdings Zweifel daran,
dass der Haunsturm bereits im 15. Jahrhundert existierte. Auf dem offensichtlich als Grundstein gesetzten Sandsteinblock sind eine taggenaue Datierung (18. April 1537) sowie die Initialen zweier Baumeister einschließlich
ihrer Erkennungszeichen eingemeißelt.

Die Bezeichnung »Hexenturm« (Nr. 4) verweist auf die zeitweilige Unterbringung von Männern und Frauen, die man der Hexerei beschuldigte. Die
Durchführung von Hexenprozessen auf Schloss Bertholdsburg während des
17. und 18. Jahrhunderts wird durch zahlreiche Gerichtsprotokolle bestätigt.

Am Fuß des Hexenturms geht es in den Schlossgarten (Nr. 11). Oberhalb
der rekonstruierten historischen Terrassen führt der Weg an Obstbäumen
und einem 1996 für die Grafen von Henneberg errichteten Gedenkstein
entlang hinunter zum Brunnenhaus, das eine Besonderheit in der historischen Gartenkultur Thüringens darstellt. Im Zuge des Schlossumbaus um
1620 errichtet, markierte der achteckige Sandsteinbau einst den Zusammenfluss von Erle und Nahe. Die beiden Gewässer versorgten vermutlich
auch die im Garten gepflanzten Obstbäume mit frischem Wasser. Der auf
Pfeilern ruhende Raum oberhalb des Brunnenbeckens gestattete den Gästen
sowohl einen Blick auf die Grünanlage als auch auf das städtische Treiben
jenseits des »Gartenzauns«. Gemeinsam mit dem bei Mühlhausen gelegenen
Poppenröder Brunnenhaus ist das Brunnenhäuschen im Schlossgarten der
Bertholdsburg das einzige noch erhaltene Beispiel einer ausgefallenen, historischen Wasserarchitektur in Thüringen. Seine Seltenheit war ausschlag-

gebend für eine grundlegende Sanierung des Gebäudes durch die Deutsche Stiftung Denkmalschutz (DSD) und die Stiftung Thüringer Schlösser und Gärten in den Jahren 2020/21. Nahe des Brunnenhauses lädt ein moderner Springbrunnen mit Fontäne zum Verweilen ein.

Vom Schlossgarten aus haben Besucher und Besucherinnen einen guten Blick auf die imposante Westfassade. Neben Hexen- und Kapellenturm sticht besonders der äußere Vorbau hervor, an dessen Seitenwand ein schmaler Abortschacht angesetzt ist. Der Volutengiebel besitzt eine für das beginnende 17. Jahrhundert typische Form. Hinter dem Vorbau befindet sich der in der Mitte des 16. Jahrhunderts aufgerichtete Küchentrakt. Aufgrund seines schlechten baulichen Zustands musste der Gebäudeteil bereits 1617/18 grundlegend saniert werden. Die aus Fachwerk bestehenden Außenwände wurden zu jener Zeit durch Steinmauern ersetzt.

An den Küchentrakt angeschlossen ist der älteste Bauteil der Bertholdsburg: der mittelalterliche Palas. Das Quadermauerwerk deutet ebenso wie vier zugesetzte Schlitzfenster in die Frühzeit der Wehranlage. In das 13. Jahrhundert gehört zudem der Rest eines spätromanischen Dreipassbogens, der oberhalb des Zugangsportals zum Schlossgarten noch deutlich erkennbar ist. Ein Wechsel des Baumaterials an den Ecken der Westfassade zeigt an, dass der hochmittelalterliche Palas Mitte des 14. Jahrhunderts sowie im letzten Viertel des 16. Jahrhunderts um mehrere Stockwerke erhöht wurde. Drei prominent hervortretende Kragsteine an der Westseite deuten auf das frühere Vorhandensein eines Balkons oder Erkers hin.

Nördlich der Westfassade, nahe dem Brunnenhaus befindet sich der Stumpf des sogenannten Pulverturms (Nr. 7). Der von den Schlossmauern etwas entfernt stehende Turm diente einst der sicheren Aufbewahrung von Kanonenkugeln und Schießpulver. Es ist wiederholt die Annahme geäußert worden, dass der Pulverturm der Bergfried der mittelalterlichen Burganlage gewesen sein könnte. Aufgrund seiner exponierten Lage, seiner Wehrhaftigkeit und seiner Nähe zum Palas wäre dies durchaus denkbar. Immerhin verfügte auch der Stammsitz der Henneberger Grafen, die Burg Henneberg bei Meiningen, seit der Mitte des 13. Jahrhunderts über einen runden Bergfried.

Verlässt man den Schlossgarten in Richtung Suhler Straße, kann man schließlich noch die Nordfassade des Schlosses betrachten. So einheitlich

Nordmauer des Schlosses, Fundamentreste des Totenturms. Am Boden das Skelett eines Hundes.

die Front dieses Schlossflügels wirken mag, sie enthält eigentlich zwei verschiedene Bauteile: einen östlichen und einen westlichen. Der Fachwerkaufbau des Obergeschosses ist erst viel später hinzugekommen, nachdem man Nord- und Ostflügel miteinander verbunden hatte. An einem nachträglich angesetzten Entlastungspfeiler sind noch die spätmittelalterlichen Zangenlöcher erkennbar, die in die Steinblöcke gebohrt worden waren, um der Greifzange des Kranes einen besseren Halt zu geben.

An die nordöstliche Außenwand der Nordfassade grenzt der sogenannte Totenturm (Nr. 10). Dieser war lange Zeit nur aus Schriftquellen bekannt. 2018/19 konnten seine Fundamente durch eine baubegleitende Grabung freigelegt werden. An der Turmsohle stießen die Archäologen außerdem auf

Ostflügel, Eingang mit Datum „1534" auf dem Schlussstein des Torbogens

die Knochen eines Hundes, der dort entweder eilig begraben oder aber als Bauopfer deponiert worden war. Woher der Totenturm seinen Namen hat, ist ungewiss, mit Ausnahme des Hundes wurden hier jedenfalls keine sterblichen Überreste vergraben. Namengebend war vermutlich die unmittelbare Nachbarschaft zum mittelalterlichen Friedhof.

Über den Durchgang im Schlossgarten gelangt man in den Innenhofbereich der Bertholdsburg. Hier befinden sich die Zugänge zum Haupt-, Gerichts- und Jungfernturm sowie zum Ost-, Nord-, West- und Südflügel, außerdem ein achteckiger Brunnen von 1725, auf dem das Wappen der sächsischen Kurfürsten zu erkennen ist. Gut einsehbar ist auch der südliche Treppenaufgang mit Treppenhaus und doppelter Loggia, der seit dem frühen 18. Jahrhundert einen repräsentativen Zugang zum Südflügel schafft.

In direkter Verbindung zur Loggia steht der Hauptturm (Nr. 2). Mit beinahe 40 Metern ist er der höchste Turm des Schlosses und mithin das höchste Gebäude der gesamten Stadt. Den Zeitpunkt seiner Errichtung gibt die Jahreszahl 1538 am Eingangsportal des Turms an. Dieses Datum muss nicht unbedingt nur für das Baujahr des Turms stehen, sondern könnte ebenso den zeitlichen Schlusspunkt für die Baumaßnahmen am Südflügel markieren, die Graf Wilhelm VI. von Henneberg in Auftrag gegeben hatte.

Neben dem Brunnen sticht ein großes Portal hervor. Es markiert den Eingang zum Ostflügel sowie zum Museum. Das Eingangsportal weist an der Laibung des Torbogens eine leichte Abschrägung auf. Sie hängt mit der ehemaligen Nutzung als Marstall zusammen. Hier waren ursprünglich die Pferde und Gespanne untergebracht. Aufgrund der geringen Dimension des Schlosshofs waren Wendemanöver mit den Kutschen kaum möglich. Sie mussten daher schräg in den Marstall einfahren. Die Jahreszahl 1534 auf dem Schlussstein des Torbogens weist auf die Fertigstellung des Gebäudeteils hin. Der Ostflügel von Schloss Bertholdsburg war ein Wirtschaftstrakt. Während sich im südlichen Teil desselben der bereits erwähnte Marstall befand, war der nördliche Bereich der Hofstube vorbehalten. Hier versammelten sich einst die Gäste der Schlossherren und das Hofgesinde. Heute befindet sich an dieser Stelle der Sonderausstellungsbereich des Naturhistorischen Museums.

Rundgang durch das Naturhistorische Museum

Museumsgeschichte

Das Naturhistorische Museum Schleusingen belegt einen Großteil der Räumlichkeiten von Schloss Bertholdsburg. Anders als der Name vermuten lässt, beschäftigt sich das Museum nicht ausschließlich mit der Naturgeschichte und Naturkunde Südthüringens. Zur Aufgabe der Einrichtung gehören auch die Erforschung und museale Darstellung der Vergangenheit der Stadt Schleusingen, der Geschichte des Schlosses Bertholdsburg sowie seiner einstigen Bewohner.

Die thematische Vielfalt des Naturhistorischen Museums Schleusingen ist historisch gewachsen. An ihrem Beginn stand die Eröffnung des »FRANKE-Zimmers« in den 1930er Jahren. Hermann Franke (1847–1932) war Oberlehrer am Hennebergischen Gymnasium in Schleusingen und ein leidenschaftlicher Sammler erdgeschichtlicher Relikte. Auf Initiative seines Kollegen, des Mittelschullehrers Paul Georgi (1891–1976), wurden ab 1934 im ersten Obergeschoss des Westflügels ausgewählte Stücke aus Frankes geologischer Sammlung präsentiert. Zu sehen waren diverse Fossilien, Kristalle und Mineralien, die vornehmlich aus Thüringen und Franken stammten.

Mit der Gründung des Hennebergischen Heimatmuseums 1953 erhielt die Bertholdsburg schließlich auch eine historische Sammlung. Erklärtes Ziel des neugegründeten Museums war es, die Geschichte der Bewohner Südthüringens und insbesondere die der arbeitenden Bevölkerung abzubilden. Das »FRANKE-Zimmer« wurde bis 1974 in die heimatgeschichtliche Ausstellung integriert. Aufgrund des eingeschränkten Besuchsverkehrs im Umfeld der innerdeutschen Grenze lagerte man 1971 Teile des Sonneberger Spielzeugmuseums nach Schleusingen um, so dass die Bertholdsburg neben dem bereits vorhandenen Heimatmuseum nun auch ein Ausstellungszentrum für die Entwicklung der südthüringischen Spielzeugindustrie erhielt. Erst 1991 kehrte die Spielzeugausstellung nach Sonneberg zurück.

Zum Zeitpunkt der Rückführung der Sonneberger Exponate kurz nach der Friedlichen Revolution 1989/90 bestand das Naturhistorische Museum bereits sieben Jahre. Seine Gründung war am 29. Februar 1984 mit dem Ziel erfolgt, alle naturkundlichen Sammlungen der Region unter einem Dach zusammenzuführen, zu erforschen und auszustellen. In seinen ersten Jahren konnte sich das Naturhistorische Museum als wissenschaftliches Zentrum für geologische, biologische und historische Studien profilieren. Zu einem Publikumsmagnet avancierte das 1988 eröffnete Vivarium, in welchem mehr als 100 Amphibien, darunter vor allem Frösche und Lurche, zu sehen waren. Aufgrund von Bedenken hinsichtlich der Unterhaltung von Feuchtbiotopen im Schloss zogen die Tiere fünf Jahre später in den Chemnitzer Zoo um.

Heute zeigt das Naturhistorische Museum auf einer Fläche von beinahe 2 000 Quadratmetern drei große Dauerausstellungen, die der Naturkunde Thüringens und des Thüringer Waldes sowie der Geschichte von Burg und Stadt Schleusingen gewidmet sind. Der Besuch im Museum ermöglicht zugleich den Rundgang durch einen Großteil der Schlossgemächer. Zu besichtigen sind Ost-, Nord- und Westflügel sowie Jungfern-, Gerichts- und Kapellenturm.

Museumsrundgang

Der museale Rundgang beginnt im Museumsfoyer. Hier werden den Gästen die einzelnen Themen der Dauerausstellungen anhand dreier Exponate beispielhaft vor Augen geführt: Zwei für den Thüringer Wald typische Schneekopfkugeln weisen den Weg zur Mineralogie, eine präparierte Steinplatte mit den Skeletten von mehr als 290 Millionen Jahre alten Süßwasserhaien (*Orthacanthus senckenbergianus*) deutet auf den paläontologischen Schwerpunkt des Museums hin, wohingegen die bildliche Darstellung Adelheids von Hessen und ihres Gemahls Graf Berthold VII. von Henneberg, dem Namenspatron der Bertholdsburg, auf die Geschichte der Burg aufmerksam machen soll. Eine Erwähnung wert ist die illusionistische Quadermalerei aus der Entstehungszeit des Baus: Die Innenseite des Eingangsportals hatte man entlang des Torborgens mit grauen, dreidimensional wirkenden Quadern verziert.

Der Museumsrundgang führt Besucher und Besucherinnen zunächst durch den Ostflügel. Im Erdgeschoss befindet sich der Sonderausstellungsbereich, wo neben wechselnden Ausstellungen zur Naturkunde und Geschichte noch die baulichen Überreste der einstigen Nutzung als Hofstube zu entdecken sind. Dazu gehören ein Ausgussstein für Wasser und Küchen-

Ostflügel, Mineralienausstellung, Blick in das Edelsteinkabinett

abfälle, ein kunstvolles Renaissancefenster und ein ausgegrabener Gewölbe-
gang im Boden, der in früherer Zeit vermutlich als Wartungsgang für hölzerne Wasserleitungen diente.

Vom Sonderausstellungsbereich geht es ins erste Obergeschoss, wo man
in die mineralogische Dauerausstellung »Minerale – Faszination in Form
und Farbe« gelangt. Das beeindruckende „Edelstein-Kabinett" des Herzogs
Anton Ulrich von Sachsen-Meiningen (1687–1763) bildet den Auftakt. Der
fürstliche Sammler hinterließ eine aus mehr als 4 000 Einzelstücken bestehende Kollektion von Achaten, Jaspissen und Marmorsteinen, die er aus
allen Gegenden der Welt importierte. Einen Teil seiner kostbaren Steine ließ
er zu Schmuckschatullen und Tabakdosen verarbeiten. Neben dem „Edelstein-Kabinett" bilden das „FRANKE-Zimmer", die Mineralogie und Geo-
logie Thüringens sowie der regionale Bergbau Themenschwerpunkte der
Ausstellung. Im ersten Obergeschoss des Ostflügels erinnert ein Tresor mit
Goldbarren an die Stelle, wo sich im 19./20. Jahrhundert die preußische
Kreissparkasse befand. Viele historische Malereien und auch die Raumge-
staltung fielen neuzeitlichen Veränderungen zum Opfer, dabei wurde auch
der geräumige Kirchensaal beseitigt.

„Dinosaal", zwei Tyrannosaurus-Köpfe und lebensgroße Dinosaurier

Im Anschluss an die Mineralogie folgt die naturkundliche Dauerausstellung »300 Millionen Jahre Thüringen«. Auf 800 Quadratmetern werden die örtliche Flora und Fauna von der Urzeit bis in die Gegenwart vorgestellt. Naturnahe Dioramen und lebensgroße Saurierfiguren hauchen der prähistorischen Vergangenheit Leben ein. Zu sehen sind unter anderem Baumfarne, Urzeitfische, Riesentausendfüßler, Urelefanten, Haie sowie kleine und nicht ganz so kleine Land- und Wassersaurier. Den Beweis für die längst ausgestorbenen Lebenswelten liefern 1000 Fossilien, von denen einige sogar berührt werden können. Ein Höhepunkt der Ausstellung ist der „Dinosaal". Hier sind nicht nur die realistische Nachbildung eines Tyrannosaurus-Kopfes oder der lebende Saurier „Elfriede" ein beliebtes Fotomotiv, sondern auch die beiden sechs Meter langen Skelette der Dinosaurier Plateosaurus und Liliensternus aus dem Mittleren Keuper (215 Millionen Jahren alt). Den Fleischfresser Liliensternus, der nach seinem Entdecker, dem Bedheimer Arzt Hugo Rühle von Lilienstern (1882–1946), benannt wurde, fand man ganz in der Nähe, im Erdreich des Großen Gleichbergs bei Römhild.

Mit dem Aussterben der Saurier begann der Aufstieg der Säugetiere. Zu den größten Bewohnern der Gegend zählte der Urelefant *Mammut borsoni.*

Nordflügel, zweites Obergeschoss, sogenannter Fürstensaal

Seine Knochen, darunter ein 1,20 Meter langer Oberschenkel, sind im Natur-historischen Museum zu sehen. Die beeindruckenden Überreste stammen aus einem Erdfallsee bei Kaltensundheim (Rhön). Vermutlich hatte das Tier den See vor etwa drei Millionen Jahren aufgesucht, um seinen Durst zu lö-schen, verlor an einem Steilhang der Uferböschung den Halt und ertrank.

Die museale Zeitreise durch die Naturkunde (Süd-)Thüringens endet mit dem »Zug der Waldtiere«. Dieser soll vor allem die Sinne ansprechen und macht die gegenwärtigen Bewohner des Thüringer Waldes – vom Dachs bis zum Wildschwein – durch Geräusch, Geruch und Gefühl erfahrbar. Die Tierpräparate vermitteln einen naturnahen Eindruck von der vielfältigen Lebenswelt in Thüringen. Lebende einheimische Fische und exotische Axo-lotl können in mehreren Aquarien sowie in einem nachgebildeten Flusslauf beobachtet werden. Passend dazu werden die nahegelegenen UNESCO-Bio-sphärenreservate Thüringer-Wald-Vessertal und Rhön vorgestellt.

Eine Wendeltreppe im Gerichtsturms führt in die Räumlichkeiten der regionalgeschichtlichen Dauerausstellung im Obergeschoss des Nordflügels und beginnt im sogenannten Fürstensaal. Bauliche Details wie die barocken Ohrenportale an der West- und Ostwand des Raumes deuten auf einen in

der Frühen Neuzeit erfolgten Ausbau des Raumes hin. Tatsächlich rührt die Bezeichnung »Fürstensaal« einzig von der Anbringung fürstlicher Porträts her, die die Wände des Saals bis heute zieren. Die Gemälde selbst, auf denen vornehmlich sächsische Fürsten zu sehen sind, datieren aus dem 17./18. Jahrhundert. Bevor die Bilder ihren Platz im Schloss fanden, hingen sie im städtischen Rathaus.

Nach dem Fürstensaal folgen zwei Räume, die ursprünglich offenbar zu einem freistehenden Wohnturm aus dem 15. Jahrhundert gehörten. In diesem Bereich findet sich ein prunkvolles farbiges Renaissanceportal mit Löwenköpfen an den Säulen. Im Zentrum der regionalgeschichtlichen Dauerausstellung stehen die Bertholdsburg und die Stadt Schleusingen. Ihrer Entwicklung, vornehmlich unter den Grafen von Henneberg, wird besondere Aufmerksamkeit gewidmet. Für die erforderliche Anschaulichkeit sorgen ein Stadtmodell des alten Schleusingens sowie die Nachbildung Graf Poppos VII. als Ritter in Rüstung aus dem 13. Jahrhundert.

Im Westflügel befindet sich das Naturalienkabinett sachsen-meiningischer Herzöge mit allerlei Kuriositäten aus Nah und Fern. Ihm folgt eine Besichtigung des Obergeschosses, in der auch die Zimmer des Hexenturms enthalten sind. Der Ausstellungsbereich im Erdgeschoss wendet sich Schleusingens Vergangenheit als Handwerker- und Buchdruckerstadt zu. Von Letzterer zeugt die Sammlung alter Papiermaschinen und Druckerpressen. Die durch Wasser- oder Muskelkraft betriebenen Geräte aus der Zeit vom 18. bis in die Mitte des 20. Jahrhunderts belegen die lange Tradition des Schleusinger Buchdrucks, der mit der förmlichen Bestallung Hermann Hamsings (gest. 1558) – auch er ist als lebensgroße Puppe in der Ausstellung zu sehen – als gräflicher Buchdrucker 1555 begann und mit der Schließung der Druckerei Lang in den 1960er Jahren endete. Das Erdgeschoss des Westflügels besteht aus einem größeren Gewölbesaal und den Zimmern des später stark veränderten Palas. Die Sitznischen in den Fenstern stammen immerhin noch aus dem späten Mittelalter.

Vom Westflügel führt der Rundgang zurück in das erste Geschoss des Nordflügels. In diesem Teil sind insbesondere Möbelstücke aus der Epoche des Biedermeier ausgestellt, daneben aber auch Kleinodien aus der frühen Geschichte Schleusingens. Dazu zählen ein eiserner Urkundenschrank von

Regionalgeschichtliche
Ausstellung, Graf Poppo VII.
von Henneberg († 1245)

Schloss Bertholdsburg aus dem 16. Jahrhundert, ein Maßwerkbogen aus
dem ehemaligen Barfüßerkloster sowie die farbige Steinfigur eines Schul-
meisters der einstigen Klosterschule. Zu den architektonischen Besonder-
heiten dieses Bereichs gehören das schmuckvolle Rippengewölbe im hofsei-
tigen Vorbau sowie der Herkulessaal. Von herausragender Bedeutung sind
die Malereien an den Wänden des Herkulessaals. Die sechs Szenen aus dem
Sagenkreis des Herkules gaben dem Raum seinen Namen. Sie sind wohl
um 1600 entstanden. In Rahmen eingefasst und mit erläuternden lateinischen Bildunterschriften versehen ist hier der Kampf des antiken Helden
mit dem feindseligen Riesen Geryon ebenso dargestellt wie dessen waghal-
siges Abenteuer in den Sümpfen von Lerna, wo er der neunköpfigen Hydra
die giftspeienden Häupter abschlug. Es ist anzunehmen, dass der von den

Regionalgeschichtliche Ausstellung, historische Maschine zur Herstellung von Papierbögen aus der ehemaligen Papiermühle in Dietzhausen

sächsischen Fürsten eingesetzte Amtmann vor dieser ornamentalen Kulisse die Regierungsgeschäfte führte. Notizen auf einem Geschossplan von 1745 (heute im Sächsischen Hauptstaatsarchiv Dresden) geben an, dass sich der Herkulessaal in unmittelbarer Nachbarschaft zu den Regierungssälen befand. An den frühneuzeitlichen Herrscherhöfen erfreute sich die künstlerische Umsetzung herkulischer Werke großer Beliebtheit. Bei dem in der Bertholdsburg geschaffenen Bildprogramm handelt es sich um den größten renaissancezeitlichen Zyklus profaner Malerei in Mitteldeutschland. Mit dem Herkulessaal endet der Ausstellungsrundgang. Über die Wendeltreppe des Jungfernturms gelangt man wieder in den Schlosshof.

Zu bestimmten Gelegenheiten ist auch der Südflügel zu besichtigen. Einen erheblichen Teil des Erdgeschosses nimmt der sogenannte Rittersaal ein. Es handelt sich dabei um einen großen Gewölberaum, dessen Mitte durch einen breiten, achteckigen Pfeiler mit quadratischem Kapitell gestützt wird. Für Licht sorgen in der Hauptsache drei schlichte Rechteckfenster in der Westwand, deren Gewände eine leichte Hohlkehle aufweisen. Über zwei schmale Treppen im Südwesten des Raumes gelangt man in das Unter- und das erste Obergeschoss des bereits erwähnten Hexenturms. Aufgrund der räumlichen Nähe zu den ehemaligen Gefängniszellen muss angenommen werden, dass der Rittersaal während der Hexenverfolgungen als Untersuchungs- und Gerichtsraum genutzt wurde. Welche Funktion der Raum für seine Bauherren, die Grafen von Henneberg, erfüllte, ist bisher ungeklärt.

In die beiden oberen Etagen des Südflügels gelangt man über das Treppenhaus an der nördlichen Außenwand oder über den Hauptturm. In beiden Geschossen finden sich – teilweise sichtbar, teilweise versteckt – Hinweise auf den vormaligen Glanz der Innengestaltung. Besonders zierend ist die Blumenornamentik, die an den bauzeitlichen Gewänden einiger Portale erhalten geblieben ist. Daneben besitzt der Schlossflügel ein beeindruckendes, jedoch zugesetztes Vorhangbogenfenster aus spätgotischer Zeit. Die Deckenkonstruktion des östlichen Vorbaus (auf Höhe des ersten Obergeschosses) besteht aus einem Rippengewölbe aus dem 16. Jahrhundert, dessen Schlussstein eine heraldische Rose bildet. Im ersten Obergeschoss des Südflügels haben sich zudem einige bemerkenswerte Zeugnisse aus der nachhennebergischen Ära erhalten. Hierzu zählt eine im nordwestlichen Teil gelegene Ofennische aus sächsischer Zeit. Ihr weit in den Raum ragender Abzug wird von zwei Säulen gehalten. Der auffällige Ofen diente der standesgemäßen Beheizung der herrschaftlichen Gemächer. In einer Kammer an der Nordwand des Südflügels sind außerdem Spuren einer Landschaftsmalerei aus dem 17./18. Jahrhundert zu sehen. Das Naturbild, das einst offen lag, ist heute hinter einer Holztür verborgen. Die ausgemalte Nische war ursprünglich wohl Bestandteil des davorliegenden größeren Zimmers. In jenem sind allerdings nur noch die Eingriffe einer sehr viel jüngeren Zeit sichtbar. Um den Raum als Ratssaal nutzen zu können, sind im vorigen Jahrhundert Erneuerungen vorgenommen worden.

Im zweiten Obergeschoss ist die Raumstruktur im 19. Jahrhundert durch das Einziehen von Bohlenwänden markant verändert worden. Tapetenreste und Sanitäranlagen stammen aus DDR-Zeiten. Damals befanden sich im Südflügel Privatwohnungen. Das zweite Obergeschoss des Südflügels verfügt

Historische Bibliothek

über eine Vielzahl augenfälliger Deckengewölbe, die ältesten stammen aus dem ersten Viertel des 16. Jahrhunderts.

Neben seinen naturkundlichen und historischen Sammlungen besitzt das Naturhistorische Museum drei Bibliotheken: eine naturwissenschaftliche, eine regionalgeschichtliche und eine Gymnasialbibliothek. Mit der Hennebergischen Gymnasialbibliothek verfügt das Museum über eine historisch gewachsene Schulbibliothek, deren ältester Bestand sogar noch in die Zeit der einstigen Schlossherren fällt: 1577 hatte Graf Georg Ernst von Henneberg-Schleusingen testamentarisch verfügt, dass seine private Büchersammlung nach seinem Tod in den Besitz des von ihm gegründeten Schleusinger Gymnasiums übergehen solle. Die Schenkung wurde am 27. Dezember 1583 rechtskräftig. Im Laufe der Jahrhunderte wuchs die Gymnasialbibliothek durch Ankäufe und Bücherstiftungen ehemaliger Lehrer, wie zum Beispiel Wolfgang Seber (1573–1634) oder Albrecht Georg Walch (1736–1822), auf viele tausend Bände an. Aus Platzgründen wurde die Bibliothek 1953 aus dem Schulgebäude ausgelagert und dem neugegründeten Heimatmuseum übergeben.

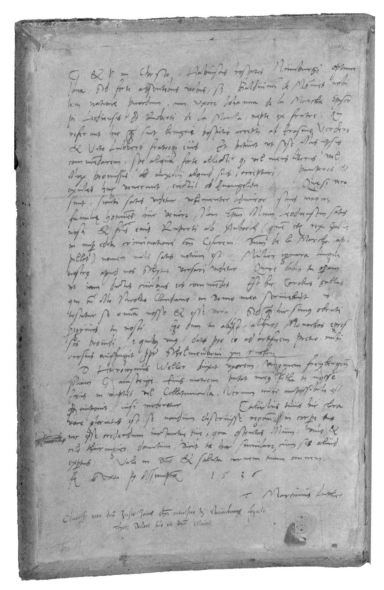

Hennebergische Gymnasialbibliothek im Naturhistorischen Museum, Brief Martin Luthers an seinen Vertrauten Justus Jonas

Die Buchbestände der Historischen Bibliothek reichen vom 15. bis zum 20. Jahrhundert. Neben einigen (alt-)griechischen und lateinischen Handschriften zählen zahlreiche Frühdrucke (Inkunabeln) und einige Kettenbücher zu den bibliophilen Pretiosen. Das älteste Werk ist die auf Deutsch verfasste Heiligenlegende Hedwigs von Andechs (gest. 1234). Bei der 1424 geschriebenen Minuskelhandschrift handelt es sich um ein Auftragswerk der Gräfin Mechthild von Henneberg (gest. 1425). Handschriftlich verfasst ist auch ein in einem 1658 angekauften Buch eingeklebter Brief. Er stammt von Martin Luther (1483–1546), der ihn am 18. August 1536 geschrieben hat. Luther klagt darin seinem Weggefährten Justus Jonas (gest. 1555) die Unbilden exilierter Protestanten und beschwert sich über die hohen Kosten, die ihm die bevorstehende Hochzeit eines Schützlings abverlange.

Trotz einzelner Verluste darf die Historische Bibliothek des Hennebergischen Gymnasiums als geschlossener Bestand gelten. Dieser Umstand macht sie zu einem wertvollen Studienobjekt der Bildungs- und Bibliotheksgeschichte.

Aufgaben und Ziele auf Schloss Bertholdsburg

Schloss Bertholdsburg birgt mit seinem beeindruckenden Baubestand, beginnend ab dem 13. Jahrhundert, eine Vielzahl an Aufgaben und Herausforderungen. Neben einer kontinuierlichen Pflege und Bauunterhaltung ist es auch die Vermittlung der ältesten Residenz Thüringens, die im Fokus steht. Bauliche, restauratorische und konservatorische Aufgaben haben stets den sensiblen Umgang mit dem bedeutenden Baudenkmal und umfassenden Bestandserhalt zum Ziel. Gleichermaßen sind denkmalverträgliche Nutzungen zu entwickeln und für eine angemessene Präsentation und Vermittlung der Anlage mitsamt ihrer Baugeschichte umzusetzen. Hierfür sind weiterhin bauhistorische und restauratorische Untersuchungen sowie Forschungen notwendig, um die komplexe, über Jahrhunderte reichende Baugeschichte der Anlage deutlicher fassen und die Entwicklung von einer mittelalterlichen Burganlage zu einer stattlichen Residenz des 16./17. Jahrhunderts besser verstehen zu können.

Baulich wurden bereits in den zurückliegenden Jahren sichtbare Ergebnisse erzielt, insbesondere im Außenbereich. So konnten an den Stütz- und Umfassungsmauern umfangreiche Abschnitte des eindrucksvollen Mauerbestands gesichert und saniert werden. Deren Vorbereitung erbrachten wichtige Erkenntnisse zum frühmittelalterlichen Bestand der Anlage und neue Befunde wie einen verschlossenen Durchgang oder den Turmstumpf des nicht mehr vorhandenen Totenturms. Im Schlossgarten wurde mithilfe einer großzügigen Spende der Deutschen Stiftung Denkmalschutz ein architektonisches Kleinod einer umfassenden Sanierung unterzogen: das Brunnenhaus, dessen Ursprünge bis in die Renaissance zurückreichen. Der einstmalige Schlossgarten zählte mit seinen Lusthäusern zu den frühesten Renaissance-Anlagen in Deutschland. Wie bei Gärten häufig, erfuhr er im Laufe der Zeit Veränderungen und Verluste, weshalb sich die Stiftung bei der Instandsetzung 2001/02 unter Berücksichtigung der historischen Struktur und der gewachsenen städtebaulichen Entwicklung für eine Gestaltung mit modernen Elementen entschied. Das aus dem 17. Jahrhundert stammende, bis heute erhaltene Brunnenhaus bildet in dieser Gestaltung einen wertvollen originalen Solitär.

Ein wichtiges Projekt der kommenden Jahre wird die Sicherung und Sanierung der aktuell notgesicherten Schlossbrücke sein, das einzige Erschließungsbauwerk der Anlage. In diesem Zusammenhang sind auch die flankierenden Mauern und der Burggraben mit zu betrachten sowie eine kontrollierte Entwässerung von den Dachflächen des Ostflügels herzustellen.

Für die kommenden Jahre stehen aber auch umfangreiche Arbeiten im Schloss an. In den Räumlichkeiten des Süd-, West- und Nordflügels soll abschnittsweise eine neue regionalgeschichtliche Dauerausstellung entstehen. Ziel ist es, vor allem die älteste Geschichte der Anlage möglichst lebendig unter Einbeziehung der historischen Burgräume zu vermitteln. Hierfür sind neben der neuen Ausstellungsgestaltung spezifische Vermittlungskonzepte zu entwickeln, die sowohl die Bedeutung des einst so mächtigen Geschlechts der Henneberger Grafen und Fürsten in den Blick nehmen als auch die Burg als wichtigstes Exponat einbeziehen. Besonderes Augenmerk gilt dabei den historischen Raumfassungen und Raumstrukturen. Die Planungen sehen eine neue barrierefreie Eingangssituation im Erdgeschoss des Südflügels und die ebenfalls barrierefreie Nutzung des Rittersaals sowie des sich im Westflügel anschließenden großen Gewölberaums als abgeschlossenen Museumsbereich vor. Im Zwischen- und Obergeschoss des Nordflügels sollen vorwiegend die Museumsbereiche untergebracht werden, im Westflügel vor allem die Verwaltungsräume. Zu den Kernaufgaben gehört dabei die Schaffung einer separat funktionierenden barrierefreien Ausstellungs- und Veranstaltungseinheit und damit die Öffnung der Erdgeschosszone der Burg.

Mit diesem Projekt wird die Sicherung, Sanierung und Vermittlung der ältesten Bereiche der Anlage sowie die Belebung der Erdgeschosszone von Schloss Bertholdsburg befördert. Ebenso ist eine Reduzierung baulicher Barrieren angestrebt, wodurch für große Teile der gesamten Burg erweiterte Veranstaltungsformate möglich werden. Auf diese Weise kann das Naturhistorische Museum Schloss Bertholdsburg mit attraktiven zeitgemäßen Vermittlungsangeboten aufwarten, die auch Personen mit Mobilitätseinschränkungen zugänglich sind.

Zeittafel

1232	Erste Erwähnung der »*villa Slusungen*«
1235	Aufenthalt Poppos VII. und seines Gefolges in Schleusingen
1268	Erste Erwähnung einer Burg (*castrum*) in Schleusingen
1274	Teilung des Henneberger Grafengeschlechts in drei eigenständige dynastische Linien: Henneberg-Schleusingen, Henneberg-Aschach/Römhild (bis 1549), Henneberg-Hartenberg (bis 1378)
1304	Belagerung von Burg und Stadt durch den Grafen von Barby
1317	Ersterwähnung einer Burgkapelle
1337	Fürstentreffen auf der Bertholdsburg unter dem Vorsitz Kaiser Ludwigs des Bayern
1412	Schleusingen erhält das Stadtrecht
1445	Fürstentreffen auf der Bertholdsburg
1457	Erwähnung von Halsgraben und Brücke
1533	Die Stadt Schleusingen erhält das Marktrecht
1534	Umbaumaßnahmen am Ostflügel
1537	Grundsteinlegung am Haunsturm
1538	Errichtung des Hauptturms
1554	Vertrag von Kahla: Im Falle des Aussterbens der Henneberger sollten die Kurfürsten von Sachsen die Grafschaft Henneberg einschließlich der Burg in Schleusingen erben
1563–1565	Anlage des Schlossgartens

1583	Mit dem Tod Graf Georg Ernsts von Henneberg-Schleusingen erlischt die Henneberger Dynastie. Das Kurfürstentum Sachsen erbt die Bertholdsburg. Das Schloss wird Sitz des sächsischen Oberaufsehers
1597	Instandsetzung des Hauptturms
um 1600	Ausgestaltung des sogenannten Herkulessaals
1617/18	Neubau des Westflügels
1624	Fürstentreffen auf der Bertholdsburg
1631	Instandsetzung der Schlossbrücke. Errichtung des Altantors am Osteingang des Schlosses. Aufenthalt von König Gustav II. Adolf von Schweden
1634	Plünderung von Stadt und Schloss
1660	Stadt und Schloss gehen an die Herzöge von Sachsen-Zeitz
1712	Erwähnung des Brunnens im Schlosshof der Bertholdsburg
1718	Nach dem Tod des letzten Herzogs von Sachsen-Zeitz fallen Stadt und Schloss an die sächsische Kurfürstenlinie zurück
1722	Instandsetzung des Südflügels. Das Schloss ist bis 1739 Witwensitz der Herzogin Maria Amalia von Sachsen-Zeitz (geb. von Brandenburg)
1815	Nach dem Wiener Kongress gelangen Stadt und Schloss an das Königreich Preußen
1816	Das Schloss wird Sitz des Landrats des preußischen Landkreises Schleusingen
1834	Errichtung der Burgstraße, dabei wird der südliche Wallgraben zugeschüttet und das Bodenniveau angehoben
1838–1844	Instandsetzungsarbeiten am Schloss. Verkleinerung des Schlossgartens durch Anlage der Suhler Straße
1892/93	Instandsetzung des Ostflügels

1929	Die Kreisverwaltung zieht nach Suhl. Das Schloss steht weitgehend leer
1934	Einrichtung eines geologischen Heimatmuseums (»FRANKE-Zimmer«)
1944	Schleusingen kommt zum Gau Thüringen und verliert seine kommunale Selbstverwaltung
1953	Einrichtung des Hennebergischen Heimatmuseums
1954	Die Stadt Schleusingen wird Eigentümerin des Schlosses
1980–1989	Sanierungsarbeiten am Schloss
1971–1991	Das im Grenzgebiet befindliche Sonneberger Spielzeugmuseum bekommt ein Ausstellungszentrum im Schloss
1984	Gründung des Naturhistorischen Museums
1994	Die Schlossanlage geht in den Bestand der Stiftung Thüringer Schlösser und Gärten über
2001/02	Neugestaltung des Schlossgartens
2010–2014	Einrichtung des Sonderausstellungsbereichs im Ostflügel
2018/19	Sanierung der Nordmauer der Bertholdsburg
2020/21	Sanierung des Brunnenhauses im Schlossgarten

Regententafel

Die in Schleusingen regierenden Grafen von Henneberg

Poppo VII. (reg. 1212 – um 1245)

Heinrich III. (reg. 1245–1262)

Berthold V. (reg. 1262–1284)

Berthold VII. (geb. 1272, reg. 1284–1340)

Heinrich VIII. (reg. 1340–1347)

Johann I. (geb. 1289, reg. 1347–1359)

Heinrich X. (geb. 1352, reg. 1359/75–1405)

Wilhelm II. (I.) (geb. 1384, reg. 1405–1426)

Wilhelm III. (II.) (geb. 1415, reg. 1426–1444)

Wilhelm IV. (III.) (geb. 1434, reg. 1444–1480)

Wilhelm VI. (IV.) (geb. 1478, reg. 1480–1559)

Georg Ernst (geb. 1511, reg. 1559–1583)

Weiterführende Literatur

Ausfeld, Eduard: Hof- und Haushaltung der letzten Grafen von Henneberg (Neujahrsblätter, Bd. 25), Halle (Saale) 1901.

Bergner, Heinrich: Beschreibende Darstellung der älteren Bau- und Kunstdenkmäler. Schleusingen, Nachdruck der Ausgabe Halle (Saale) 1901, Neustadt (Aisch) 2004, S. 201–205.

Geßner, Theodor: Geschichte der Stadt Schleusingen bis zum Tode des letzten Grafen von Henneberg, Schleusingen 1861.

Hagner, Dietger; Schmidt, Michael: Der Schlossgarten von Schloss Bertholdsburg in Schleusingen, in: Fischer, Doris (Hg.): Paradiese der Gartenkunst in Thüringen. Historische Gartenanlagen der Stiftung Thüringer Schlösser und Gärten (Große Kunstführer der Stiftung Thüringer Schlösser und Gärten, Bd. 1), 2., erweiterte und überarbeitete Auflage, Regensburg 2021, S. 159–171.

Hoffmann, Rosika: Burg- und Stadtgeschichte. Eine Ausstellung zur Regionalgeschichte im Naturhistorischen Museum Schleusingen, Schleusingen 2009.

Hoffmann, Rosika; Schmidt, Ralf; Werneburg, Ralf: Der Diamant im Stülpglas. 75 Jahre Museum im Schloss Bertholdsburg Schleusingen, Schleusingen 2009.

Hübner, Wolfram: Zur Datierung und Einordnung des Brunnenhauses im Schlossgarten von Schloss Bertholdsburg in Schleusingen, in: Baulast und Baulust. Erhalt und Vermittlung des Thüringer Kulturerbes (Jahrbuch der Stiftung Thüringer Schlösser und Gärten, Bd. 24), Petersberg 2021, S. 274–282.

Langenbrinck, Max: Über drei Jahrhunderte Residenz der Henneberger. Zur Baugeschichte der Bertholdsburg in Schleusingen, in: Jahrbuch des Hennebergisch-Fränkischen Geschichtsvereins, Bd. 11, 1996, S. 169–192.

Laß, Heiko: Schloss Bertholdsburg in Schleusingen. Thüringens ältestes Residenzschloss, in: Paulus, Helmut-Eberhard (Hg.): Höfische Kostbarkeiten in Thüringen. Historische Anlagen der Stiftung Thüringer Schlösser und Gärten

(Große Kunstführer der Stiftung Thüringer Schlösser und Gärten, Bd. 3), Regensburg 2007, S. 185–190.

Lorentzen, Theodor: Ursprung und Anfänge der Stadt Schleusingen, Meiningen 1932.

Mötsch, Johannes: Die gefürsteten Grafen von Henneberg und ihre fürstlichen Standessymbole, in: Rogge, Jörg (Hg.): Hochadlige Herrschaft im mitteldeutschen Raum (1200–1600) (Quellen und Forschungen zur sächsischen Geschichte, Bd. 23), Stuttgart 2003, S. 227–252.

Mötsch, Johannes: Henneberg, in: Paravicini, Werner (Hg.): Höfe und Residenzen im spätmittelalterlichen Reich. Ein dynastisch-topographisches Handbuch, Bd. 1 (Residenzenforschung, Bd. 15.1), Ostfildern 2003, S. 96–108, 798–807.

Mötsch, Johannes: Schleusingen, in: Seggern, Harm von (Hg.): Residenzstädte im Alten Reich (1300–1800). Ein Handbuch, Bd. 1.1 (Residenzenforschung, N. F.), Ostfildern 2018, S. 508–512.

Patze, Hans: Art. Schleusingen, in: Patze, Hans (Hg.): Handbuch der historischen Stätten Deutschlands, Bd. 9, 2., verbesserte und überarbeitete Auflage, Stuttgart 1989, S. 382–385.

Paulus, Helmut-Eberhard: Kunst und Repräsentation der Henneberger Grafschaft. Einführung in die Thematik des Herbstsymposiums der Stiftung Thüringer Schlösser und Gärten 2000 in Schleusingen, in: Jahrbuch der Stiftung Thüringer Schlösser und Gärten, Bd. 4, 2000, S. 76–79.

Schubert, Marko: Zwischen hennebergischer Residenz und preußischer Kreisstadt. Ein kurzer Abriss der Geschichte Schleusingens, in: Blätter des Vereins für Thüringische Geschichte, Bd. 16, 2006, S. 6–12.

Wagner, Heinrich: Genealogie der Grafen von Henneberg (Sonderveröffentlichungen des Hennebergisch-Fränkischen Geschichtsvereins, Bd. 33), Kloster Veßra 2016.

Werneburg, Ralf: Im Schloß Bertholdsburg wohnten auch Urbienen (Colletes daviesanus), in: Veröffentlichungen des Naturhistorischen Museums Schleusingen, Bd. 9, 1994, S. 121–123.

Witowski, Janis: Fürsten, Grafen, gefürstete Grafen. Der Rang bei den Grafen von Henneberg in Spätmittelalter und Früher Neuzeit, in: Jahrbuch des Hennebergisch-Fränkischen Geschichtsvereins, Bd. 34, 2019, S. 93–128.

Abbildungsnachweis

Dreger, Thomas (Suhl): S. 51, 57

Landesarchiv Thüringen – Staatsarchiv Meiningen: S. 27

Naturhistorisches Museum Schloss Bertholdsburg Schleusingen: S. 19, 29, 59, 60

Schultes, Johann Adolph (Hg.): Diplomatische Geschichte des Gräflichen Hauses Henneberg, Leipzig 1791: S. 15

Stadtarchiv Homburg: S. 7

Stiftung Thüringer Schlösser und Gärten, Constantin Beyer (Foto): S. 20; Hajo Dietz (Foto): S. 4; Robert Fehringer, keinECK MEDIA (Foto): Titelbild, S. 10/11, 17, 22, 24/25, 26, 31, 35, 37, 38/39, 40, 42/43, 47, 53, 54, Umschlagrückseite; Roswitha Lucke (Lageplan): hintere Umschlagklappe innen

Thüringisches Landesamt für Denkmalpflege und Archäologie: S. 46

Werneburg, Ralf (Schleusingen): S. 52

Witowski, Janis (Bayreuth): S. 33, 56